Frank&Frei

Andreas Unterberger

Zwischen Lügenpresse und Fake News

Eine Analyse

„Das Recht zu sagen und zu drucken, was wir denken, ist eines jeden freien Menschen Recht, welches man ihm nicht nehmen könnte, ohne die widerwärtigste Tyrannei auszuüben.
Dieses Vorrecht kommt uns von Grund auf zu; und es wäre abscheulich, dass jene, bei denen die Souveränität liegt, ihre Meinung nicht schriftlich sagen dürften."
Voltaire, „Questions sur les miracles"

„Die Sprache ist eine Waffe –
haltet sie scharf!"
Kurt Tucholsky

„Wahrheit und Lüge. Sicherheit ist nirgends.
Wir wissen nichts von anderen,
nichts von uns."
Arthur Schnitzler, Paracelsus

„Was ist Wahrheit?"
Pontius Pilatus

„Um Fakten und Unwahrheiten zu trennen,
müssen seriöse Medien heute alle bekannten
Fakten veröffentlichen, um damit auch
wilden Spekulationen Einhalt zu gebieten."
CSU-Generalsekretär Andreas Scheuer

„Einen guten Journalisten erkennt man daran,
dass er sich nicht gemein macht
mit einer Sache – auch nicht mit einer guten Sache;
dass er überall dabei ist,
aber nirgendwo dazu gehört."
Hanns Joachim Friedrichs

INHALT

VORWORT

Zerlumpte Frauen und verängstigte Kinder mit großen Augen. Das waren die Bilder, die im Herbst 2015 in Zeitungen, Magazinen und im Fernsehen täglich zu sehen waren. Es war die Zeit, als der gewaltige Zustrom von Menschen aus der Dritten Welt nach Europa einsetzte. Doch die herzzerreißenden Bilder, die die Medien den Menschen präsentierten, waren kein Abbild der Realität. Statt der gezeigten Frauen und Kinder strömten vor allem junge Männer nach Deutschland und Österreich. Nicht nur die geographischen, auch die Grenzen zwischen Berichterstattung und Meinungsjournalismus wurden geöffnet.

Zu dieser Zeit wurde der Begriff „Lügenpresse" populär. Immer mehr Menschen fühlten sich von den klassischen Medien nicht mehr richtig informiert, begannen ihnen zu misstrauen. Die alten Medien bekamen ein massives Image- und Glaubwürdigkeitsproblem. Sie schlitterten noch tiefer in die Krise.

Zu dieser Zeit begann auch der rasante Aufstieg der alternativen Medien im Internet. Vor allem die mediale Berichterstattung oder besser die Nichtberichterstattung über die Ereignisse zu Silvester 2015 gab ihnen enormen Auftrieb. Mehrere Hundert Frauen sind in dieser Nacht in Köln von vorwiegend nordafrikanischen Männern sexuell belästigt worden. Politik, Polizei und die großen Medien wollten die Vorfälle vertuschen. Dieser Versuch misslang, weil die Geschehnisse sich an den traditionellen Massenkommunikationskanälen vorbei via Social Media verbreiteten. Die alten Medien zogen widerwillig nach. Sie hatten keine andere Wahl.

Es entstand eine neue Gegenöffentlichkeit, das Informationsmonopol der klassischen Medien war endgültig Geschichte. Blogs, Nachrichtenportale und Social Media-Kanäle verbreiteten Informationen, die man von den großen Zeitungen und den Staatssendern nicht bekam. Im Zuge dieser Entwicklungen entstand der Begriff „Fake News".

Die beiden Lager der mittlerweile tief gespaltenen westlichen Gesellschaften werfen sich gegenseitig Desinformation, Manipulation, Propaganda und Lüge vor. Mit dem neuen US-Präsidenten Donald Trump wurde diese Debatte weiter angeheizt. Die gegenseitigen Vorwürfe sind zum Teil berechtigt, sie sind im gesellschaftspolitischen Machtkampf aber auch ein wirkungsvolles Instrument, um den Gegner zu diskreditieren bzw. werden sie als Vorwand missbraucht, um demokratische Grundrechte wie die Meinungsfreiheit zu Absicherung der eigenen Machtposition einzuschränken.

In dieser Situation ist eine nüchterne Analyse dieses gar nicht so neuen Phänomens dringend notwendig. Sie liegt mit diesem Buch nun vor. Verfasst hat sie einer der wichtigsten Vertreter des heimischen Qualitätsjournalismus. Andreas Unterberger beschäftigt sich als ehemaliger Chefredakteur der Tageszeitungen „Die Presse", der „Wiener Zeitung" und als erfolgreicher Blogger seit langem kritisch mit dieser Materie. Diese Analyse ist ein wichtiger Beitrag zur Versachlichung dieser aktuellen Diskussion und sollte deshalb unter Politikern, Medienmachern und Bürgern eine möglichst große Verbreitung finden.

Werner Reichel
Verlag Frank&Frei

1. VORBEMERKUNGEN

MEDIEN – in welcher technischen Form immer – gelten zu Recht als „vierte Gewalt". Sie sind zwar kaum in Verfassungen verankert. Aber es kann keine Demokratie, keinen Rechtsstaat ohne pluralistische und freie Medien geben. Sie sind in solchen Staaten absolut unverzichtbar – wenn auch für die Politik meist unangenehm. In Diktaturen, oligarchischen und autoritären Systemen sind sie hingegen Staatsfeind Nummer eins.

Die Freiheit der Medien ist der beste Indikator, um einen Staat zwischen den beiden Polen – demokratischer Rechtsstaat hier, Diktatur dort – einzuordnen.

Die Bedeutung der Medien in Demokratien ist eine vielfache. Insbesondere:

• als unabhängige Kontrolle und Kritik der ja meist miteinander verwobenen anderen Gewalten,

- als Plattform für den vielfältigen und von ganz unterschiedlichen Meinungen geprägten öffentlichen Diskurs,

- als wichtigste Informationsquelle mündiger und dann ja bei den Wahlen entscheidender Bürger über Vorgänge in der Gesellschaft,

- als Mittel der Information der Regierenden über die öffentliche Stimmung,

- als wichtige Säule für Bildung und Wissenschaft.

Sowohl Politik wie auch Medien selbst verfallen dabei freilich oft in den Fehler, die in den traditionellen Medien veröffentlichte Meinung mit der öffentlichen Meinung der Bürger zu verwechseln. Noch selten sind diese beiden jedoch so weit auseinandergeklafft wie heute.

In den letzten Jahren ist weltweit in der demokratischen Welt die Kontroverse rund um die diversen Formen der Medien immer intensiver geworden. Neben unvermeidbaren Fehlern und Irrtümern geht es dabei um einen eskalierenden Kampf zwischen traditionellen Medien (wie

Print, TV, Radio, Film) und neuen Medien (Facebook, Twitter, Blogs).

In dieser Auseinandersetzung werden mit immer intensiverer Heftigkeit Kampfvokabel wie „Lügenpresse" oder „Systempresse" in die eine Richtung und „postfaktisch" in die andere ausgetauscht.

Dieser Kampf geht über die übliche Rivalität zwischen Medien weit hinaus. Denn die traditionellen Medien, insbesondere Print, erkennen einerseits in den neuen Medien eine lebensbedrohliche Herausforderung. Denn die neuen Medien sind die weitaus substantiellste Änderung der Medienlandschaft seit Jahrhunderten.

Überdies fällt es sehr schwer, die Quantität und Qualität von Lüge, Unwahrheit, Manipulation, Propaganda in alten und neuen Medien zu vergleichen und zu bewerten, wo es übler zugeht. Es passiert da wie dort viel Schlimmes – was aber nichts an der fundamentalen Wichtigkeit beider Medienbereiche ändert.

In dieser Analyse geht es in der Folge nur um die politisch, rechtlich, wirtschaftlich, ideologisch relevanten Teile der Medienwelt. Man muss sich aber immer bewusst sein, dass der andere, weit größere Teil (Unterhaltung, Mode, Erotik, Hobby, …) automatisch auch von jeder Regulierung erfasst wird.

2. HISTORISCHE ANMERKUNGEN

DER GEZIELTE EINSATZ von Unwahrheit, Beschimpfungen, Propaganda und Erfindungen, die mit den jeweils aktuellen Medien verbreitet werden, ist historisch seit der Antike nachgewiesen. Es ist daher falsch, darin etwas qualitativ Neues zu sehen.

Einige demonstrative Beispiele:

A. Die der religiösen Propaganda (und Geschäftemacherei) dienende Erfindung religiöser Reliquien (siehe etwa die unzähligen, einst weltweit verkauften Partikel des Heiligen Kreuzes).

B. Das sogenannte „Privilegium Maius" (die Fälschung aus der Kanzlei des Habsburgers Rudolf IV. aus 1358 sollte Österreich den Kurfürstentümern gleichstellen).

C. Die in den „Letzten Tagen der Menschheit" von Karl Kraus aufgespießte und oft groteske österreichische Kriegspropaganda (der die anderen Kriegsparteien nicht nachstanden).

D. Der angebliche Angriff Polens auf den deutschen Sender Gleiwitz, mit dem Hitler seinen Angriffskrieg zu rechtfertigen versucht hat.

E. Die nachträglich gestellten Bilder sowjetischer (Brandenburger Tor) und amerikanischer Eroberungen (Iwo Jima) am Ende jenes Krieges.

F. Die lange nachher auf Tonträgern aufgenommene Weihnachtsansprache Leopold Figls 1945 (die letzten beiden sind gewiss harmlose Beispiele).

ERFOLG DURCH NEUE MEDIEN. Historisch hatten neue politische oder geistige Bewegungen sehr oft auch deshalb Erfolge, weil sie sich mit besonderem Geschick neuer Medien bedient – oder einen neuen Umgang mit schon vorhandenen Medien entwickelt haben.

Wieder nur in Stichworten (daher natürlich vereinfachend und oberflächlich):

A. Die Reformation: Buchdruck und Kirchenmusik.

B. Die Gegenreformation: Jesuitentheater und gezielte Übernahme von Musik und Buchdruck aus dem „Waffenarsenal" der Reformation.

C. Aufklärung: Universitäten.

D. Liberalismus: Zeitungen. „Pressfreiheit" (also Meinungs- und Medienfreiheit) war 1848 die zentrale Forderung beim Ruf nach einer Verfassung.

E. Entwicklung der Nationalstaaten: Romantische National-Literatur sowie Verschriftlichung von bis dahin zum Teil nur gesprochenen (beispielsweise slawischen) Sprachen.

F. Sozialdemokratie: Arbeiterbildungsvereine.

G. Christlichsoziale Reform: (Fast) der gesamte kirchliche Apparat.

H. Kommunismus: Propagandistischer Einsatz des Stummfilms.

I. Nationalsozialismus: Propagandistischer Einsatz des Tonfilms und Radios.

J. John F. Kennedy: Überlegene (auch physische) Vorbereitung und Performance bei den ersten TV-Duellen.

K. Bruno Kreisky: Fernsehen und komplett neuer Umgang mit Printmedien. (Während Josef Klaus sich noch hermetisch abriegelte, war Kreisky fast zu jeder Tages- und Nachtzeit auch für unbekannte Journalisten erreichbar.)

L. Islamistischer Radikalismus: Alle Formen elektronischer Kommunikation.

M. Grüne: Anfangs Umfunktionierung der Universitäten; später „Shitstorms" insbesondere in Twitter (die von den traditionellen Medien damals noch laut beklatscht worden sind, solange es bei diesen „Shitstorms" noch ein grünes Übergewicht gegeben hat).

N. Neos: Twitter und sonstige neuen Medien verhalfen ihnen auch ohne Strukturen zu einem starken Start.

O. „Rechtspopulismus": Vor allem Facebook und andere neue Medien.

3. BEISPIELE FALSCHER BERICHTE IN KLASSISCHEN MEDIEN

FALSCHE, VERLOGENE Berichterstattung kann sowohl im Erfinden angeblicher Fakten wie auch im Weglassen essenzieller Fakten wie auch im grob manipulativen Umgang mit den Fakten bestehen. Sie kann sowohl aus Absicht falsch sein wie auch wegen eines einseitig wirkenden Bewusstseinsfilters in den Köpfen der Medienmacher (der auf ideologische Gleichschaltung, Bildungsmängel oder Anpassung an einen sozialen Gruppendruck zurückgehen kann). Für die Rezipienten ist die Ursache von Unwahrheiten aber letztlich gleichgültig.

A. Das inzwischen schon klassische Beispiel ist die Berichterstattung über die mehr als tausend angezeigten Vorfälle (Diebstahl, Raub, sexuelle Grapschereien, Vergewaltigungen durch nordafrikanische und arabische Migranten) in der Kölner Silvesternacht 2015/16 (sowie eine weitere Vielzahl solcher Vorfälle in anderen Städten). Die Medienberichterstattung in den traditionellen Medien war tagelang vom offensichtlichen Motiv gesteuert, möglichst nichts zu berichten, was die Fremdenfeindlichkeit befeuern könnte. Das ist von den Bürgern aber zu Recht als massive Manipulation empfunden worden; die klassischen Medien in Deutschland wie in Österreich haben dadurch in diesen Tagen den größten Vertrauensverlust ihrer Geschichte erlitten.

Die Austria Presse Agentur (APA) sendete erst am 5. Jänner die erste Meldung zu Köln, nachdem schon seit Tagen die sozialen Netze mit Tausenden Berichten dazu überquollen. Etliche Medien übten sich aber auch noch danach weitere Tage im Beschwichtigen und Ablenken (etwa indem in den Berichten die ethnische Herkunft komplett ausgeblendet, oder indem nur von einem „Männer-Problem" erzählt worden ist). Das vertiefte in den Medienkonsumenten die Überzeugung, dass sie belogen werden, weil viele Medien nicht den Zusammenhang zwischen diesen Exzessen und der von ihnen intensiv unterstützten Flüchtlingsbewegung eingestehen wollten.

Spätestens zu diesem Zeitpunkt setzte sich das Wort „Lügenpresse" als mehrheitsfähig durch. Spätestens ab diesem Zeitpunkt verfestigte sich der massive Zustrom zu den diversen Internet-Medien dauerhaft, der aber in Wahrheit schon ab September 2015 eingesetzt hatte.

B. Die Berichterstattung vieler Medien (mit dem ORF an der Spitze) über Kuba aus Anlass von Castros Tod glich mehr einer Heiligenlegende als einem unabhängigen Bild über das, was Castro mit seinem Land angestellt hat.[1]

C. Ganz ähnlich verläuft bis heute die Venezuela-Berichterstattung. Sowohl ORF wie APA (um nur von den beiden wirkungsmächtigsten Medien Österreichs zu reden) haben in den meisten Berichten über die katastrophale Lage des eigentlich ölreichen Landes jeden Hinweis auf dessen deklarierten Sozialismus verschwiegen. Vielmehr wird seit Jahren nur von einer (offenbar vom Himmel gefallenen) „Wirtschaftskrise", von „Inflation" und „Versorgungskrise" geredet.[2]

[1] *siehe dazu die gut zusammenfassende Kritik in: http://die-presse.com/home/meinung/quergeschrieben/walterskirchen/5132494/Ein-Brief-aus-Havanna_Alltag-im-realen-Sozialismus-Kubas).*

[2] *Einige zufällig herausgegriffene Beispiele solcher Berichte, die jeden Hinweis auf „links" oder „sozialistisch" verschweigen: APA0005, 2016-12-18; APA0003, 2016-12-13; APA0165, 2016-12-11; APA0534, 2016-10-24;*

D. Die Seite orf.at (die hier unter „klassischen Medien" eingereiht ist, weil sie ja direkt vom Gebührenmonopol des ORF profitiert und eigentlich öffentlich-rechtlich ist) hat am 11. Dezember 2016 einen am Vormittag passierten Anschlag auf die koptische Kathedrale von Kairo mit 25 Toten bis Mitternacht verschwiegen." Dafür standen dort an jenem Tag inhaltsarme Meldungen wie „Italiens designierter Premier feilt an Ministerliste" oder „Paragleiter löst großangelegte Suchaktion aus".

E. Das ORF-Mittagsjournal vom 6. Dezember 2016 berichtet ausführlich über die Ergebnisse der Pisa-Studie. Nur ein Aspekt wird in diesem Bericht nicht einmal gestreift: Das sind die bei Pisa signifikant (um ein bis zwei Schuljahre) schlechteren Ergebnisse einer immerhin 20 Prozent ausmachenden Gruppe, nämlich der Migrantenkinder.

F. Wenige Tage vor der Bundespräsidentenwahl fand im amerikanischen Columbus ein islamistischer Anschlag statt, der 13 Verletzte forderte. Praktisch alle Medien weltweit haben groß darüber berichtet. Im ORF fand sich hingegen in vielen gecheckten Sendungen nichts dazu (was man mit dem Vokabel mutmaßlich ergänzen muss: denn der Sender macht es interessanterweise unmöglich, elektronisch danach zu suchen, ob eine bestimmte Meldung irgendwo im ORF gebracht worden ist – was bei jedem anderen Medium möglich ist). Das hängt mit Sicherheit mit dem Wahlkampf zusammen, wo allgemein und wohl zu Recht geglaubt worden ist, dass Berichte über islamistische Anschläge dem freiheitlichen Kandidaten helfen würden.

G. Auf www.orf-watch.at sind hunderte Exempel einseitiger oder manipulativer ORF-Berichterstattung angesammelt. Besonders häufig sind dort viele Beispiele, wo an sich richtig über irgendwelche Vorgänge berichtet wird, die gleichen Vorgänge aber totgeschwiegen werden, wenn sie das falsche ideologische Vorzeichen tragen. Beispielsweise sind feministische Demos auch dann ein Thema, wenn nur ein paar Dutzend Teilnehmerinnen dabei sind; Demos christlicher Gruppen werden totgeschwiegen, auch wenn viel mehr Menschen teilnehmen.

H. Wegen der großen Bedeutung deutscher Medien auch einige Hinweise aus dem Nachbarland: Die deutsche ARD-Journalistin Claudia Zimmermann sagte in einer niederländischen Diskussionssendung: „Wir sind natürlich angewiesen, pro Regierung zu berichten." [3] Einige Tage danach zog Zimmermann diese Aussage zurück. Wie auch immer das zu bewerten ist.

I. Sogar der „Spiegel" beleuchtet die tagelange Nichtberichterstattung der ARD über den Mord an einer deutschen Studentin durch einen Afghanen sehr kritisch. [4]

J. Eine 14-jährige Syrerin gab an, in Berlin wegen ihres Kopftuchs aus einer Straßenbahn geworfen worden zu sein. Dieser Vorfall wurde überregional groß in vielen klassischen Medien berichtet. Als sich jedoch tags darauf (auch mittels der Überwachungskameras) heraus-

[3] Radioprogramm „De Stemming" (Die Stimmung) http://www.1limburg.nl/duitse-omroep-moest-positief-berichten-over-vluchtelingen?context=section-1).

[4] http://www.spiegel.de/kultur/tv/getoetete-studentin-maria-l-in-freiburg-warum-die-ard-nun-doch-ueber-den-mord-berichtet-a-1124574.html.

stelle, dass das deswegen geschehen war, weil sie in der Bahn einen Döner aß – in Berlin ist Essen in der Straßenbahn verboten –, fand sich lediglich ein Bericht in einem überregionalen Medium.[5]

K. Natürlich sind auch Fotomontagen, die man fast täglich in Boulevard-Medien findet, eine Lüge, wenn sie nicht erkennbar und direkt beim Bild als solche bezeichnet werden. Denn sie spiegeln die unwahre Tatsache vor, zwei (oder mehrere) Personen wären zusammen gewesen.

L. Man muss kein Trump-Anhänger sein, um nicht angewidert zu sein, dass praktisch sämtliche Berichte über ihn in fast allen in- und ausländischen Medien (auch den gesetzlich zur Objektivität verpflichteten Fernsehanstalten) einen negativen Spin hatten oder haben. Auch bei den Informationen über die Rekrutierung seiner Mannschaft nach der Wahl konnte kein einziger positiver Bericht gefunden werden. Vielmehr wurden offen-

---

[5] A. http://www.focus.de/politik/deutschland/doener-soll-grund-gewesen-sein-maedchen-wegen-kopftuch-aus-bahn-gewiesen-jetzt-kommen-zweifel-an-geschichte-auf_id_6281796.html.

sichtlich prinzipiell negative Vokabel einge-
streut wie: „Hardliner", „Härte nach Trumps
Geschmack", „Milliardär", „geplante Regie-
rung lässt manchen Beobachter gruseln",
„Geschäftemacherei", „politisch unerfahren",
„ahnungslos", „Hauptsache hart", „politischer
Pitbull", „keine Ressortkundigkeit" (nur zum
Vergleich: Keinerlei solche Bedenken haben
österreichische Medien hingegen bei Minister
Stöger an den Tag gelegt, oder bei einer neuen
Schulministerin, die noch nie etwas mit Schu-
len zu tun hatte).

M. Diese Berichterstattung erinnert daran, wie
einst Sebastian Kurz bei Amtsantritt als junger Staatssekretär von fast allen Medien in
Österreich aggressiv bis verächtlich herunter-
gemacht worden ist.

N. Ein besonders beliebtes Kampfvokabel gegenüber allen nicht-linken Meinungen, Politikern, Autoren und Intellektuellen ist „um-
stritten": Es wurde in der APA seit 1. Jänner
2015 über 8000 Mal verwendet! Stichproben
zeigen, dass dieses Wort dabei ungefähr zur
Hälfte ideologisch neutral verwendet wird,
zur anderen Hälfte jedoch, um konservative,

wirtschaftsliberale oder rechtspopulistische Positionen und Personen ins Zwielicht zu rücken. Kein einziges Beispiel konnte jedoch gefunden werden, in dem dieses Wort für linke, grüne oder linksliberale Positionen und Personen verwendet worden wäre (naturgemäß konnten für diese Studie nicht 8000 Meldungen durchsortiert werden, sodass es einzelne Ausnahmen von dieser Regel gegeben haben mag).

Ganz ähnlich machte beispielsweise der „Falter"[6] aus Sebastian Kurz „Österreichs umstrittensten Minister".

O. Eine ähnliche Funktion hat das Wort „erzkonservativ", mit dem semantisch ein massiv pejorativer Unterton transportiert wird: Es kam in der APA in diesem Zeitraum nicht weniger als 360 Mal vor. „Erzkommunistisch" ein einziges Mal, „erzsozialistisch" überhaupt nicht.

P. Die APA strotzt seit einigen Jahren vor einseitigen Kommentierungen, die sie in ihre Berichte einstreut, obwohl Kommentare in

---

[6] *Falter, 20.12.2016*

einer Nachrichtenagentur eigentlich nichts verloren haben. Um nur ein Beispiel von vielen ausführlicher zu zeigen: Am 10.12.2016 berichtet die APA über eine Aussendung von Außenminister Kurz mit Kritik an den Menschenrechtsverletzungen in der Türkei[7]. Im Untertitel heißt es jedoch erstaunlicherweise: „Ungarn und Polen in Aussendung aber nicht erwähnt". Und im Text heißt es dann dazu nur ohne Konkretisierung oder Beweis: Diesen beiden Ländern würden „von Kritikern ebenfalls erhebliche Verletzungen der Medienfreiheit vorgeworfen".

Daran ist keineswegs nur seltsam, wenn eine Agentur schreibt, was in einer Aussendung nicht steht. Damit wird vor allem die Ungeheuerlichkeit insinuiert, dass einige von der linken Opposition in diesen beiden Ländern kritisierte Vorgänge in irgendeiner Weise mit denen in der Türkei vergleichbar wären, wo weit über hunderttausend Menschen (vor allem Journalisten, Richter, Professoren, Lehrer, Offiziere, Polizisten) binnen weniger Tage gefeuert worden und meist direkt im Gefängnis gelandet sind. Nichts davon gibt es natürlich

---

[7] *APA 0056, 2016-12-10*

in Ungarn oder Polen. Im Übrigen kann man alles, was der ungarischen und polnischen Medienpolitik vorzuwerfen ist, auch der Medienpolitik in anderen westlichen Ländern vorwerfen: politischer Durchgriff auf den öffentlich-rechtlichen Rundfunk; Eingehen sozialistischer Zeitungen mangels Lesern; einseitige Bestechung durch Steuermittel; quantitative Regulierung der Berichterstattung aus dem Parlament.

Q. Erkennbar manipulativ war beispielsweise auch eine APA-Meldung[8] vom 6.12.2016. Darin wird über den Prozess zu einem Anschlag auf ein Sikh-Gebetshaus in Deutschland berichtet. Der Bericht ist sehr detailliert, nur übergeht er das Motiv. Das kann man höchstens indirekt der Passage entnehmen, dass sich die Täter zum „Tod von ‚Ungläubigen‘" verabredet hatten. (Damit lässt dieser Text bewusst offen, ob damit vielleicht Nicht-Christen oder Nicht-Hindus gemeint sind.) Auch diese Meldung ist ganz eindeutig vom Geist geprägt, nur ja Islamkritikern keinen weiteren Anlass zu liefern. Und die Verfasser begreifen nicht, dass jede solche unvollständige Mel-

[8] *APA0511, 2016-12-06*

dung das Misstrauen gegen die Medien noch weiter vergrößert. Denn es kann keinen Zweifel geben, dass die Frage nach dem „Warum?" zu den wichtigsten der fünf journalistischen „W"s gehört.

R. Genau der gleiche Mechanismus bezieht sich auf das Verschweigen der ethnischen oder sonstigen Herkunft von Tätern in zahllosen anderen APA-Meldungen. Damit wird konsequent das „Wer?" verschwiegen. Über die Täter ist skurrilerweise immer nur das Alter zu lesen (was eindeutig beweist, dass sie identifiziert sind). Lediglich ganz wenige Zeitungen recherchieren dann zusätzlich die relevanten Herkunfts-Fakten zum Täter. Die anderen übernehmen schon aus Personalmangel die Meldungen in der APA-Stummelfassung.[9]

S. Noch peinlicher ist aber, dass dann, wenn die mutmaßlichen Täter Österreicher oder Euro-

---

[9] *Einige Beispiele: APA 0250, 2016-12-08; APA 0232, 2016-12-08; APA0486, 2016-12-14; APA0123, 2016-12-17; APA0129, 2016-12-17; APA 0382, 2016-12-08 (besonders absurd in dieser Meldung: Die Herkunft der getöteten Frau aus Togo wird sehr wohl angegeben, der mutmaßliche Mörder wird jedoch nur mit dem Alter genannt).*

päer sind, das sehr wohl immer dazugeschrieben wird, oft sogar im Titel. Was zeigt, dass auch die APA weiß, dass die Herkunft eines Täters eine wesentliche Information ist.[10]

Es wäre übrigens auch keine Entschuldigung für die APA, wenn möglicherweise manche Landespolizeibehörden diesbezüglich unvollständig informiert haben. Denn erstens wäre ein unabhängiges Medium nicht gebunden, ein seltsames Verhalten der Polizei verweislos zu übernehmen. Zweitens hätte dann zumindest in die Meldung dazugehört: „Die Herkunft des Täters wurde von der Landespolizeidirektion Kärnten geheimgehalten." Das hätte bald ein Umdenken schweigsamer Polizeistellen ausgelöst.

Dass hier so oft die APA zitiert wird und kaum andere Medien, hat nicht den Grund, dass einzig die APA problematisch wäre. Aber sie hat den weitaus höchsten Multiplikator,

[10] Etwa: APA 0114, 2016-12-10 („Salzburger"); APA 0273 2016-12-11 („Steyrer"); APA 0115, 2016-12-11 („Familie aus Oberösterreich"); APA 0091, 2016-12-11 („Tscheche und Slowake stießen auf Skipiste zusammen"); APA 0063, 2016-12-16; APA 0364, 2016-12-05.

da sie ja nicht nur von Zeitungen, ORF-Radio und den diversen Fernseh-Sendern übernommen wird, sondern auch von zahllosen elektronischen Medien bis hin zu den vielen gar nicht mit einer eigenen Redaktion ausgestatteten kleinen Privatradios. Sie ist also weitaus am wichtigsten, wenn auch nie direkt im Kontakt mit Medienkonsumenten.

T. Es gibt aber auch sehr wohl Beispiele, wo die Austria Presse Agentur korrekt die Herkunft eines Täters nennt, wo die über lange Passagen wortgleich der APA ähnelnde Meldung auf orf.at dann aber die Herkunft des Täters weglässt.[11]

U. Die übelste Beeinflussung österreichischer Wahlkämpfe durch eine mediale Lügenstory hatte im Wahlkampf 2002 die Boulevard-Illustrierte „News" zu verantworten. Das Heft unterschob Wolfgang Schüssel am Höhepunkt des Wahlkampfes eine illegale Pflegerin. Die Story wurde vielfach von anderen klassischen Medien nachgeschrieben. Und erst nach der Wahl konnte die Lüge widerlegt werden. Eine

[11] *http://wien.orf.at/news/stories/2811968 bzw. APA0290, 2016-11-30.*

52-jährige slowakische Schauspielerin, die sich als Pflegerin von Schüssels Schwiegermutter ausgeben hatte, wurde später wegen übler Nachrede verurteilt. „News" hingegen kam total glimpflich davon.

V. Im „Kurier" vom 8. Dezember 2016 findet sich der Titel: „Sobotka lenkt bei „Anhaltelagern" ein".[12]

Diese Formulierung erweckt in jedem Leser, der keine sonstigen Informationen hat, den Eindruck, Sobotka habe „Anhaltelager" gefordert (eine Bezeichnung aus der Ständestaatszeit) und sei erst später zu einem Rückzieher gebracht worden. In Wahrheit war das eine von der SPÖ stammende Bezeichnung für einen Vorschlag des Innenministers.

W. Wenn Robert Menasse im „Spiegel"[13] knapp vor der Wahl Norbert Hofer ohne Relativierung als „Nazi" bezeichnet, dann ist das um keine Spur weniger hetzend und Hass schürend als das, worüber sich Linke im Internet

---

[12] *https://kurier.at/politik/inland/sobotka-lenkt-bei-anhaltelagern-ein/234.795.678*
[13] *Der Spiegel, 19.11.2016*

beklagen. Und weshalb sie nach neuen Gesetzen rufen.

X. In den Stunden nach dem blutigen Berliner
Attentat vor Weihnachten 2016 hat sich Facebook als besser informierend erwiesen denn
die offiziellen Sender.[14] Der öffentlich-recht-
liche deutsche Sender „Phönix" hat noch am
Tag nach dem Anschlag von „Unfallauto" berichtet.

Y. Immer öfter werden die Medien auch von
PR- und Werbeagenturen missbraucht. Diese
setzen bewusst Falschmeldungen in die Welt,
um Aufmerksamkeit für ihre Kunden zu erwecken. Die klassischen Medien sind genauso
wie die neuen darauf hereingefallen.

• Praktisch alle Medien im deutschsprachigen
Raum haben im November beispielsweise in
Wort und Bild darüber geschrieben, dass eine
Schneeraupe irrtümlich in ein norddeutsches
Seefeld transportiert worden ist statt ins Tiroler
Seefeld (offenbar sollte damit schon im Herbst
der Eindruck erweckt werden, dass es in Tirol

[14] http://www.orf-watch.at/Debatte/2016/12/berlin-face-
book-gegen-staatsfunk-20.

schon Schnee gäbe). Erst nach vier Tagen er-
folgte die Aufklärung, dass die Fehllieferung
von einer Agentur inszeniert worden ist.

- Ähnlich hat eine deutsche Agentur im Februar
  einen Koch erfunden, der angeblich Hunde und
  Katzen serviert. Zweck auch hier: um für einen
  Kunden mediale Aufmerksamkeit zu erregen.[15]

[15] http://www.20min.ch/schweiz/news/story/17898312

4. BEISPIELE FALSCHER BERICHTE IN DIVERSEN INTERNET-MEDIEN

IN DEN INTERNET-MEDIEN sind genauso wie in den klassischen alle Formen von Unwahrheit möglich. Diese sind hier wegen der rapide gewachsenen Vielfalt und Anonymität der neuen Medien sowie wegen ihrer gleichzeitigen Kostengünstigkeit noch leichter. Nur bei einer Minderheit der neuen Medien existieren traditionelle journalistische Standards (die freilich wie zuvor gezeigt auch bei den alten Medien im Verkümmern sind). Die neuen Medien bieten auch perfektere Tarnung und leichtere Aktionsmöglichkeit für Geheimdienste, Fanatiker und Narren. Ebenso können dort leichter als mit den alten Medien Ergebnisse von Spionagetätigkeiten und Hackern an die Öffentlichkeit gespielt werden, die dann aber meist begierig von den klassischen Medien übernommen werden. Es geht leichter, dabei seine Spuren zu verwischen, während man bei den alten Medien von der Verschwiegenheit der kooperierenden „Investigativ-Journalisten" abhängig ist.

Einige demonstrative Beispiele aus dem In- und Ausland (die Zahl der hier angeführten Beispiele sagt nichts darüber aus, wo es schlimmer zugeht).

A. Eine besonders üble Story war „Pizzagate": Im US-Wahlkampf war die Geschichte, dass Hillary Clinton mit einem Pädophilie-Ring zu tun hätte, quer durch die sozialen Medien galoppiert. Eine Quelle verwies auf die andere, ohne dass sich irgendwo ein Beweis nachweisen ließ. Die Story war ganz offensichtlich zur Unterstützung von Donald Trump in die Netze geleitet worden. An der Geschichte stimmt offensichtlich fast gar nichts – außer dass ein Bewaffneter im Glauben an die Story zur Befreiung angeblich festgehaltener Kinder in einer Washingtoner Pizzeria um sich geschossen hat.

B. infowars.com ist eine Internet-Seite, die Donald Trump sehr nahe steht. Sie interpretiert nicht nur politische Vorgänge sehr einseitig, sondern hat auch immer wieder einen Hang zu völlig unbewiesenen bis falschen Verschwörungstheorien wie etwa jene seit Jahren links wie rechts sehr beliebte, dass die US-Regierung (unter dem Republikaner Bush) in die

Anschläge vom 11. September 2001 verwickelt gewesen sei.

C. Ein anderes Beispiel war ein gefälschtes Posting, das vorgab, vom deutschen Grünpolitiker Tobias Weihrauch zu stammen. Darin wurde angeblich als Reaktion auf den Trump-Sieg der Import von möglichst vielen Afrikanern verlangt.[16]

D. Laut dem gleichen „Standard"-Bericht wurden umgekehrt auf der Seite von H.C. Strache von linken Strache-Gegnern viele Postings mit üblen rechtsextremistischen Aussagen deponiert. Letztlich ist es bei vielen anonymen Postings nicht mehr nachweisbar, ob eine mutmaßliche Fälschung eine solche ist, oder die Fälschung einer Fälschung, oder die Fälschung einer Fälschung einer Fälschung – jeweils um die politische Gegenseite dann der Urheberschaft zu beschuldigen.

E. Im November kursierte in vor allem von der türkischen Bevölkerung in Österreich genutzten Internet-Kanälen die Behauptung, dass die Finanzämter die Kinderbeihilfe falsch

[16] http://derstandard.at/2000047590089/Gefaelschte-Hass-postings-erfundene-Gruene-Fakes-im-Wahlkampf

berechnet hätten. Worauf tausende türkische Familien die Finanzämter stürmten, weil auch die Behauptung verbreitet worden ist, dass nur noch wenige Tage Zeit wäre, um Ansprüche geltend zu machen. Das war eine komplett erfundene Meldung, die nach Analyse des (einst grünen) Austro-Türken Dönmez von der türkischen AKP aus antiösterreichischen Motiven in die Welt gesetzt worden ist. Diese im Internet begonnene Affäre hatte aber noch eine zweite Seite: Die klassischen Medien berichteten seltsamerweise nirgendwo über diesen Sturm auf die Finanzämter, was natürlich ebenfalls eine grobe Manipulation gewesen ist.

F. Besonders eindeutig rechtswidrig fällt die ungehindert erscheinende Homepage einer linksradikalen Gruppe in Österreich auf. Sie bekennt sich nicht nur zu den „Pizzeria Anarchia"-Aktionen, sondern auch ungeschminkt zu rechtswidrigen Zerstörungen an einem Lokal von Abtreibungsgegnern in Wien („haben wir beschlossen das Schaufenster ihrer Beratungsstelle umzugestalten") und fordert zum „Angreifen!" auf, was eindeutig einen Aufruf zu Gewalttaten bedeutet.[17]

[17] *https://linksunten.indymedia.org/de/node/199493.*

Gezielte Falschberichte in Internet-Medien haben in sehr vielen Fällen mit den russischen Geheimdiensten zu tun, die dort mit großem Geschick getarnt ihre Propaganda und Desinformation betreiben. Im Gegensatz zur peinlichen Propaganda der Sowjetzeit arbeiten die Russen dabei heute sehr professionell. Sie tarnen sich auch gern mit Webseiten, die auf den ersten Blick als saubere Initiative (beispielsweise) deutscher Journalisten erscheinen. An denen man erst dann zu zweifeln beginnt, wenn man sie länger beobachtet, wenn die Akteure völlig unbekannt sind oder wenn eigentlich unerklärlich ist, wie aus dem scheinbaren Nichts über Nacht eine hochprofessionelle Internet-Seite entstehen kann.

G. Mit großer Wahrscheinlichkeit hat es massive russische Hackerangriffe rund um den amerikanischen Präsidentschaftswahlkampf gegeben. Mit den dabei erfahrenen Informationen ist versucht worden, den Wahlkampf zugunsten von Donald Trump zu beeinflussen. Jedenfalls sind die von CIA und FBI erhobenen Vorwürfe so konkret, dass auch die Republikaner in beiden Häusern eine parlamentarische Untersuchung gestartet haben.[18]

[18] APA 0534, 12.12.2016

Jedenfalls wurden von den Hackern dann solcherart erfahrene Fakten an die Öffentlichkeit gespielt, die den Wahlkampf von Hillary Clinton beschädigen konnten. Gegen Trump sind hingegen keine gehackten Informationen in Umlauf gesetzt wurden. Das erinnert an Watergate – nur kann durch Hacken in der heutigen Cyber-Warfare der gleiche Erfolg meist ganz ohne physischen Einbruch erzielt werden. Hacken ist allerdings fast immer nur bis zu einem gewissen Grad nachweisbar.

H. Im jüngsten amerikanischen Wahlkampf hat sich ein neues Phänomen gezeigt: Offensichtlich haben einige europäische Plattformen aus rein ökonomischen Interessen junger Hacker Aufmerksamkeit erregende „Fakten" zum Wahlkampf erfunden, damit sie dann oft angeklickt werden und so Werbeumsätze erzielen. Google und Facebook haben nun versprochen, dass auf solchen Seiten keine Werbung mehr geschaltet wird beziehungsweise dass solche erfundenen News gelöscht werden. Das klingt prinzipiell richtig, kann aber wiederum leicht missbraucht werden. Das zeigt eine Initiative einer regierungsnahen deutschen Werbeagentur, auf regierungskritischen (aber durchaus journalistischen) Seiten nicht mehr zu werben.

I. Noch problematischer ist Twitter, das in den letzten Wochen etliche Accounts gesperrt hat, wo es nur um „falsche" Meinungen, keineswegs um betrügerische Umsatzvermehrungsversuche ging.

J. Beliebteste Plattform für einseitige Propaganda ist WikiLeaks. Diese Enthüllungsplattform, auf der geheime Dokumente anonym veröffentlicht werden, und ihr Sprecher Assange sind anfangs von vielen klassischen Medien sehr gefeiert worden. Obwohl im Grund von Anfang an klar war, dass WikiLeaks (ganz ähnlich wie auch der einstige, sich gerne selbst feiernde Print-Enthüllungsjournalismus) ein perfektes Instrument für Geheimdienste ist. Es gibt zwar kein Beispiel für wirkliche Fakes auf dieser Plattform. Aber weil eben WikiLeaks nur das veröffentlichen kann, was ihm irgendeine (natürlich nie offengelegte) Quelle zuspielt, wird es oft total einseitig in der Wirkung. Auch die Internet-Welt ermöglicht nur dann den beliebten Blick durchs Schlüsselloch, wenn ihn jemand freigegeben hat. Der

Blick ist wahr – aber hat dennoch wenig mit Wahrheit zu tun.

K. So eindeutig WikiLeaks primär eine Online-Plattform im Dienste von Geheimdiensten und Hackern ist, so begierig wurden dennoch die dortigen Veröffentlichungen auch von klassischen Medien aufge- und übernommen – bis dort dann der russische Geheimdienst Anti-Clinton-Informationen veröffentlichte.

L. Der deutschen Grün-Politikerin Renate Künast wurde auf Facebook eine Aussage (zugunsten eines afghanischen Vergewaltigers und Mörders) unterschoben, die Künast nicht gemacht hat. Das Posting wurde von Facebook erst nach mehr als drei Tagen gelöscht, was nach Ansicht der Grünen viel zu spät war.[19] (Mehr zum Löschungsthema siehe unten am Ende des 8. Kapitels).

M. Viele Agenturen, aber auch Parteien („War room"-Strategie) und Firmen machen seit Jahren durch Postings, Tweets und Produktbewertungen auf unabhängigen Plattformen Stimmung für sich bzw. ihren Kunden, ohne

[19] APA0287, 2016-12-11.

dabei ihre Identität offenzulegen. Sie geben vielmehr vor, Privatpersonen zu sein (das ähnelt ganz den gefakten Leserbriefen, die früher immer in Wahlkampfzeiten in Print-Redaktionen eintrudelten).

N. Eine besonders üble Rolle spielen sogenannte „Bots". Das sind von Computerprogrammen massenweise auf zahllosen Postingseiten platzierte – wahre oder unwahre – News oder Meinungen. Damit wird versucht, künstlich den Eindruck eines Meinungs-Shitstorm zu erwecken.

O. Auch Journalisten alter Medien nutzen die Elektronik als Spielwiese aus, um grob Verzerrendes zu verbreiten. Bekanntestes Beispiel ist Armin Wolf, der dort seine Bekanntheit als Anchorman eines öffentlich-rechtlichen Gebührenmediums ständig missbraucht. Er tritt dort noch viel einseitiger auf, als es seine ja auch von vielen als schlagseitig empfundenen TV-Auftritte ohnedies sind. Das bedeutet einen Missbrauch einer öffentlich-rechtlichen Position, die ja von manchen (wenn auch einer schrumpfenden Minderheit) für objektiv gehalten wird.

Um nur ein Beispiel zu nennen: Auf Facebook schreibt Wolf: „Ich habe ja den Verdacht, dass viele Menschen – erst recht nach Köln – davon überzeugt sind, dass ausländische Täter bei Sexualdelikten weit überrepräsentiert sind. Das ist aber nicht so: Der Ausländer-Anteil unter den Verurteilten ist bei Vermögensdelikten (42%) und Drogendelikten (41%) deutlich höher. Und sogar in der Statistik aller 32.980 rechtskräftigen Verurteilungen von 2014 liegt der Ausländeranteil mit 37,3% deutlich über ihrem Anteil bei Sexualdelikten."[20] Die Absurdität dieser Argumentation muss jedem über Volksschul-Mathematik verfügenden Leser auffallen: Weil bei Vermögens- und Drogendelikten der Ausländeranteil noch höher ist, sind laut Wolf die 37 Prozent kein überhöhter Anteil. Natürlich müsste man mit dem viel niedrigeren Anteil der Ausländer an der Gesamtbevölkerung vergleichen und nicht mit dem Ausländeranteil bei Drogendelikten.

Diese Wolf-Rechenweise ist so manipulativ verzerrt, dass man sie unter die groben Unwahrheiten einreihen muss. Denn auch wer bewusst sagt „zwei plus zwei ist fünf", lügt.

[20] https://www.facebook.com/arminwolf.journalist/posts/116
  1742677170933?pnref=story

P. Zahllose Hinweise deuten darauf hin, dass das Wahlkampfteam von Donald Trump mit einer hochentwickelten neuen Software die Facebook-User genau analysiert hat und so die Facebook-User maßgeschneidert im Wahlkampf bearbeitet hat. Dabei geht es allerdings nicht um falsche Berichte, sondern um eine noch nicht ganz durchschaubare neue politische Nutzung von Internet-Daten. Sie erfolgt insbesondere durch Ausnutzung von Facebook-Likes, um Wähler individueller und zielgerichteter ansprechen zu können. Es ist aber wohl eine der vielen Verschwörungstheorien der Linken, dass das der Hauptfaktor zur Erklärung des Wahlausgangs gewesen wäre[21].

Diese Möglichkeiten werden ja auch schon zunehmend durch die klassische Konsum-Werbung genutzt. Sie sind ebenso recht ähnlich mit jenen Methoden, die unter dem Stichwort „Big Data" auch unbestreitbar positive Nutzen versprechen (von der Energie- bis zur Gesundheitspolitik).

Q. In Österreich sind laut Justizministerium im Dezember einige falsche E-Mails im Umlauf gewesen, die den angeblichen Verlust von Ei-

---

[21] https://www.dasmagazin.ch/2016/12/03/ich-habe-nur-gezeigt-dass-es-die-bombe-gibt/

gentumsrechten an Grundstücken zum Inhalt hatten. Das Ausmaß ist unklar. E-Mails sind freilich nicht Medien im engeren Sinn, weil sie ja nicht für die Öffentlichkeit gedacht sind. Sie sind daher eher mit der einstigen postalischen, telefonischen oder mündlichen „Mundpropaganda" und „Gerüchteküche" vergleichbar. Zwar lassen sich in der Elektronik Gerüchte viel leichter vervielfältigen als in der Welt davor. Aber sie haben auch in Zeiten vor dem Internet immer unglaublich schnell ihren Weg gefunden (so war einst ganz Österreich binnen kurzem über detaillierte Umstände des Todes von Kurt Jeschko informiert, obwohl sie in keinem Medium erwähnt wurden – und obwohl sie vielleicht unwahr sind).

R. CDU-Politiker Felix Leidecker, der sich seit Monaten mit islamistischen Umtrieben im Internet beschäftigt, sagte der „Welt": „Wir diskutieren viel über Hate Speech im Internet, wenn sie vom rechten Rand kommt. Vor Hate Speech vom islamischen Rand verschließen die Verantwortlichen rund um Justizminister Heiko Maas (SPD) leider die Augen."[22]

[22] https://www.welt.de/politik/deutschland/article160492821/Islamisten-loben-Anschlag-in-offenen-Facebook-Gruppen.html

Drastischer Beweis: Die auch in diesem „Welt"-Text zitierte massive islamistische bis linksextremistische Unterstützung für die Terroristen in offenen Facebook-Gruppen.

5. ANMERKUNGEN ZUM WIRTSCHAFTLICHEN UND IDEOLOGISCHEN IST-ZUSTAND

REVOLUTIONÄRE UMWÄLZUNGEN DER GESAMTEN KOMMUNIKATIONS- UND MEDIENLANDSCHAFT. Diese bedeuten eine komplette Veränderung der geistigen, gesellschaftlichen und politischen Rahmenbedingungen rund um den Globus. Sie lassen sich historisch an Bedeutung nur mit den Folgen der Erfindung des Buchdrucks vergleichen.

Durch Buchdruck (und Schulpflicht) wurde die gesamte Menschheit erstmals potenziell zum Konsumenten aller geschriebenen Texte. Durch das Internet ist die gesamte Menschheit nun auch zum potenziellen Autor aller medialen Texte geworden, ohne dass es wie in der gesamten bisherigen Geschichte eine limitierte Anzahl von Gatekeepern geben würde. Das ist natürlich für alle bisherigen Gatekeeper eine Katastrophe. So wie es einst für viele Abschreibe-Mönche die Erfindung des Buchdrucks gewesen ist.

Alle Versuche, dieses Rad der Zeit politisch anzuhalten, sind aber lächerlich und sinnlos. Wie alle früheren ähnlichen Versuche.

Sie bedeuten auch, dass die schweigende Mehrheit nicht mehr schweigt. Und nie mehr wieder zum Schweigen gebracht werden kann.

Eine derzeit modische Sorge ist jene, dass sich die Menschen nur noch in sogenannten „Echokammern" bewegen. Das ist jedoch eine unbegründete Sorge:

- Als es noch Parteizeitungen gegeben hat, haben noch viel mehr Menschen nur die Zeitung ihrer Partei gelesen. Sie haben sich auch in der Freizeit sowie familiär ganz überwiegend in einer gleichdenkenden und oft sogar ideologischen Umgebung bewegt. Solche gibt es längst nicht mehr in der einstigen straff organisierten Form (bis hin zu den Arbeiter-Fischern …).

- Dort, wo beispielsweise „Standard", ORF oder „Presse" Diskussionen zulassen, zeigt sich, wie viele Leser sich gerade im Internet „cross" bewegen, also auch ideologisch nicht nahestehende Medien konsumieren.

- Diese Sorge über die „Echokammern" ist also nur eine Unterform des generellen Kampfes der traditionellen Medien gegen die Abwanderung der Leser/Seher/User ins Internet.

WIRTSCHAFTLICHE EXISTENZKRISE

A. Für die Printmedien ist eine existenzielle Krise entstanden. Diese Krise lodert gleich dreifach, wobei freilich nur zwei Krisenebenen mit den Text- und Video-Plattformen im Internet zu tun haben:

- Die Leser wandern rasch von den alten Medien Richtung Internet, vor allem jene in der Altersgruppe bis 40, und zunehmend auch schon darüber.

- Ökonomisch noch schmerzhafter spürbar für die Verlage ist die Abwanderung der Inserate ins Internet (dadurch haben im globalen Schnitt die Vertriebseinnahmen trotz starken Rückgangs heute sogar einen höheren Prozentsatz am Umsatz als früher). Dabei ist speziell der Abgang der Kleinanzeigen (Stellenangebote, Partnersuche, Immobilen, Gebrauchtautos …) dramatisch, weil für diese die Alternativen im Internet nicht nur viel billiger, sondern auch viel effizienter sind (mehr Platz für Infos, maßgeschneidert). Image- und Massenkonsumanzeigen sind viel weniger abgewandert. Auch der gehobene Stellenmarkt nur zum Teil.

- Auch die Entwicklung der nur noch mit minimalen Redaktionen arbeitenden Gratiszeitungen setzt den klassischen Blättern zu.

B. Die Existenzkrise der Zeitungen ist eine weltweite. Nur ein paar Schlaglichter:

I. Schon jetzt laufen weltweit 15 Prozent der Werbung mobil und nur noch 11 Prozent in gedruckten Zeitungen[23]. Vor zehn Jahren hatten die Zeitungen hingegen noch einen Anteil von 28 Prozent an der Werbung. Auch die Marktanteile aller anderen Medien außer der mobilen gehen zurück. Radio und Fernsehen (derzeit 36 Prozent) können jedoch wenigstens noch in absoluten Zahlen ihre diesbezüglichen Umsätze halten beziehungsweise steigern. Schon 2017 wird für Internet-Werbung mehr ausgegeben werden als für die im Fernsehen.

II. Nach dieser Studie wird auch die Werbung auf PC-Standgeräten zurückgehen. Es bewegt sich alles Richtung mobil. Eine Zunahme wird dabei besonders für Soziale Medien, Video und Suchmaschinen prophezeit.

[23] *Berechnungen der Agentur Zenith*

III. Der große Vorteil der Internet-Werbung gegenüber allen klassischen Medien: Sie kann mit nur geringem Streuverlust genau personalisiert werden. Sie ist dadurch doppelt kosteneffizient.

IV. In Deutschland ist zwischen 1994 und 2014 der Einzelverkauf von Zeitungen um 55 Prozent zurückgegangen, der von Abos um 29 Prozent.

V. In den USA haben in einem einzigen Jahr 50 Zeitungen zugesperrt.

VI. In Frankreich ist keine einzige nationale Tageszeitung profitabel, obwohl 1,2 Mrd. € Regierungsgeld jährlich in sie fließen.

VII. Die Todesliste der letzten Jahre umfasst viele einst bekannte Namen: Wirtschaftsblatt, Täglich Alles, Newsweek, FT Deutschland, Die Woche, Frankfurter Rundschau. Dazu kommen viele Wirtschaftswochenzeitungen.

VIII. Die Zeitungen haben in vier Jahren weltweit durch Rückgang der Werbung 46 Prozent ihres Umsatzes verloren.

IX. Obwohl die Zeitung schon mehrfach nach kräftigen Einsparungswellen eine erfolgreiche Sanierung gemeldet hat, hat das Print-Flaggschiff „New York Times" knapp vor Weihnachten 2016 neue dramatische Meldungen kommunizieren müssen: Acht Stockwerke werden geräumt, damit man sie vermieten kann; der Gewinn ist um 95 Prozent eingebrochen.

C. Fast in allen Zeitungen findet als Folge ein ununterbrochener Personalabbau statt. Das führt wieder zwangsläufig zu einem Qualitätsverlust, und dieser wieder zu einem weiteren Leserverlust.

D. Die solcherart unter Druck stehenden Medien übernehmen immer öfter ungeprüft Informationen aus anderen Medien, beziehungsweise verwenden alle ungeprüft das gleiche Material von Agenturen. Das ist umso schlimmer, als in vielen Ländern de facto Monopolagenturen am Werk sind, und als auch die Agenturen durch die Not ihrer Medienkunden selbst zum massiven Sparen gezwungen werden.

E. Die Erwartungen vieler Verleger haben sich fast nirgendwo erfüllt, dass sie mit der in Internet-Ausgaben platzierten Werbung weiterhin ihre Redaktionen finanzieren könnten.

Denn so rasch kann die Internet-Werbung gar nicht zunehmen, dass es dabei nicht eine (für die Medien) negative Preisentwicklung geben würde. Steht doch der rasch steigenden Menge der Internet-Werbung eine noch viel rascher wachsende Anzahl von Internet-Seiten gegenüber, die von dieser Werbung leben wollen. Das löst logischerweise ein Sinken der Preise aus. Die große Mehrzahl dieser Internet-Seiten hat mit klassischen Verlagen überhaupt nichts mehr zu tun, die Sozialen Medien von YouTube bis Facebook schon gar nicht.

F. Es besteht daher vielfach keine ausreichende ökonomische Grundlage mehr, um Redaktionen zu finanzieren, die personell noch zu unabhängiger und zeitraubender Recherche imstande wären. Immer höher wird daher der Buchstaben-Output jedes einzelnen Journalisten, die noch dazu immer öfter multimedial arbeiten müssen.

AUSUFERNDE KORRUPTION UND PARTEI-POLITISCHER EINFLUSS

A. Die existenzielle Not erhöht gleichzeitig zunehmend die Bereitschaft der Verlage zu „grauen Seiten" (auch: Schleichwerbung oder Produktplatzierung genannt, beziehungsweise mit einem ganz harten Ausdruck: mediale Prostitution). Das ist die Entgegennahme von Geld für Inhalte, die dem Leser gegenüber aber als rein redaktionell erscheinen.

B. Dies kann sowohl durch kommerzielle wie politische Geldgeber geschehen. Medienethisch ist beides gleich schlimm. Beides erodiert massiv das Vertrauen der Leser und Seher, die das zwar selten gleich entdecken, die dann aber, sobald sie ein-, zweimal dahintergekommen sind, oft alle Inhalte für gekauft ansehen. Und die daher noch einen Grund weniger haben, Geld für ein Medium auszugeben.

C. Wenn Medien Beeinflussungsgeld von politischen Geldgebern annehmen, zerstören sie damit überdies ihre Rolle als unabhängige „vierte Gewalt" und damit die Grundlage, die den Bestand unabhängiger Medien zu einer

Notwendigkeit für die Demokratie macht und die damit auch eine Medienförderung legitim machen könnte.

D. Das Kaufen auch (scheinbar) redaktioneller Inhalte durch die Wirtschaft ist auf deren Seite – im Gegensatz zu jener der Verlage – „…„nur" ethisch bedenklich, und das bloß bei hohen Maßstäben. Sobald das aber durch staatliche Institutionen erfolgt, die mit öffentlichen Geldern zu tun haben, ist das seitens der Geldgeber zusätzlich auch Korruption. Denn dabei kauft sich ein Politiker durch Steuergelder redaktionelle Positivberichterstattung.

E. Vor allem Politiker kaufen fast nie nur ein konkretes Quantum Schleichwerbung (das würde bedeuten: zu einem Inserat gibt es einen „redaktionellen" Artikel als Draufgabe). Sie wollen vielmehr die gesamte redaktionelle Arbeit in ihrem Sinn beeinflussen.

F. Natürlich gibt es über diesen Kauf von Berichterstattung und Kommentierung nie nachweisbare schriftliche Verträge. Aber die Beeinflussung der gesamten Kommentierungs- und

Berichterstattungslinie ist für Politiker praktisch immer der einzige und entscheidende Grund, bestimmten Medien Geld zufließen zu lassen.

G. Solche Schaltung von Inseraten und Kooperationen ist immer dann Korruption, wenn sie nicht

- erstens objektiviert nach allgemeiner Ausschreibung erfolgt, sondern durch willkürliche, freihändige Vergabe an einzelne willfährige Medien;

- wirklich im Interesse der Öffentlichkeit wichtige Informationen transportiert (Impfkampagnen etwa).

H. Die direkte Stimmungsmache in Inseraten zugunsten eines Politikers ist hingegen durch einige Gesetzesreformen (Bildverbot usw.) im Gegensatz zur Vergangenheit weitgehend vorüber.

I. Diese Bestechungs-Korruption beträgt alljährlich nach den Veröffentlichungen im Medientransparenzgesetz 150 bis 200 Millionen Euro.

Der Rechnungshof (ebenso einige Agenturexperten) hat jedoch darauf hingewiesen, dass dazu noch eine hohe Dunkelziffer durch verschiedene Umgehungsgeschäfte kommt.

J. Der eindeutig weitaus größte Anteil dieser Korruption erfolgt im Bereich der Gemeinde Wien (deshalb ist für die SPÖ übrigens auch die Beherrschung des Rathauses politisch de facto wichtiger als die des Bundeskanzleramtes). Mit der Übersiedlung von Werner Faymann in die Bundesregierung wurde dieser Missbrauch auch dort üblich.

K. Weitaus größte wenn auch in den letzten Jahren keineswegs mehr einzige Nutznießer dieser Geldflüsse sind die drei großen Wiener Boulevardmedien und der ORF.

L. Es ist bis heute skandalös, dass die Staatsanwaltschaft die Erhebungen gegen Faymann und Ostermayer (in den besonders krassen Fällen ÖBB- und Asfinag-Inserate) eingestellt hat, sodass bis heute nie unabhängige Gerichte über all diese eigentlich rechtswdrigen Vorgänge urteilen konnten.

M. Das schlechte Gewissen zeigt sich auch, dass grundsätzlich klagbare, aber zum Wahrheitsbeweis führende Vorwürfe wie „Medienbestechung" nie geklagt werden.

N. Ziemlich heuchlerisch ist, wenn österreichische Sozialdemokraten angesichts dieser Praktiken über ähnliche Vorgangsweisen in Ungarn oder Polen als Verletzung der Medienfreiheit schimpfen.

O. In den meisten anderen westlichen Ländern ist ein solches Vorgehen undenkbar. In Deutschland sorgt es schon für heftige Diskussionen, dass unlängst eine regierungsnahe Werbeagentur zu einem Anzeigenboykott gegen regierungskritische Medien aufgerufen hat.

P. Jene primär von der Selbstausbeutung lebenden Seiten wie dossier.at, die ständig Missstände, Korruption und Fehlentwicklungen in der österreichischen Medienwelt aufzeigen, sollten beim Kampf für eine sauberere Medienwelt nicht alleine gelassen werden. Das gilt ähnlich auch für medien-transparenz.at. Hingegen ist sowohl beim VÖZ[24] wie auch bei

[24] Verband Österreichischer Zeitungen

der Gewerkschaft wenig uneigennütziger ordnungspolitischer Einsatz zu erwarten, bei den diversen ORF-Gremien noch weniger. Ebensowenig ist das derzeit auch bei den einschlägigen Universitäts-Instituten zu erwarten, wo sich etwa jenes in Wien ungeschminkt als ORF-Lobbyist betätigt.

LINKSLASTIGKEIT EINER GROSSEN MEHRHEIT DER JOURNALISTEN

A. Neben der wirtschaftlichen Existenzkrise der Printmedien, der ausufernden Korruption und dem parteipolitischen Einfluss auf den ORF ist die massive Linkslastigkeit der österreichischen Journalisten der vierte große Problemkreis der klassischen Medien. Dieser ist in hohem Ausmaß für den Vertrauensverlust verantwortlich.

B. Diese gewachsene Linkslastigkeit ist ganz ohne Macht-Eingriff durch Politik oder Verleger rein auf Grund der schweren ideologischen Einseitigkeit bestimmter Studienrichtungen entstanden (siehe etwa die entsprechenden ÖH-Wahlergebnisse). Bürgerlich, konservativ, liberal orientierte Studenten wählen meist a priori andere, berufsorientierte und anspruchsvollere Studienrichtungen. Die Absolventen von Publizistik oder Politikwissenschaft hingegen sind mangels ausreichender anderer beruflicher Alternativen besonders intensiv in die Medien eingedrungen. Dort nehmen sie notgedrungen auch die schlechten finanziellen Bedingungen in den Anfangsjahren auf sich.

C. Diese Linklastigkeit lässt sich auch gut mit einigen empirischen Daten zeigen:[25]

    I. Diese Daten sind zwar einige Jahre alt (beispielsweise aus 2008), aber es gibt keinerlei Anzeichen, dass sich seither etwas gebessert hätte – ganz im Gegenteil.

    II. Es ist seither keine Studie mehr über die politische Haltung der österreichischen Journalisten veröffentlicht worden. Das Interesse sämtlicher publizistischer Institutionen an so etwas ist seither – vermutlich aus naheliegenden Gründen – extrem gering.

---

[25] *Quelle vor allem: Kaltenbrunner/Karmasin/Kraus: „Der Journalisten-Report III", facultas.wuv, Seite. 110 ff.):*

III. Besonders aussagekräftig ist eine von IMAS entwickelte Skala, auf der man sich selbst zwischen 1 (= ganz links) und 100 (ganz rechts) einordnen konnte. Die Bevölkerung landete bei der Selbsteinschätzung schon damals genau bei 50,8, also einen Hauch rechts der Mitte. Journalisten hingegen sogar in der Selbstbewertung weit links (links von der SPÖ!) bei 41,9.

IV. Noch krasser ist der Linkstrend bei Politikjournalisten. Diese ordneten sich sogar selbst bei 40,5 ein, also noch weiter links. (Noch weiter links finden sich übrigens die deutschen Journalisten, die sich auf der gleichen Skala bei 38,0 selbst positioniert haben. Wer regelmäßig dpa oder ARD verfolgt, wird davon nicht überrascht sein.)

V. Dabei kann man davon ausgehen, dass sich ein Teil der intelligenteren Journalisten bei genau 50 einordnet, sich also für neutral erklärt, um nur ja keinen Bias zeigen zu müssen. Bei dieser Umfrage haben das 22 Prozent gemacht. Damit gab es schon zum Zeitpunkt dieser Studie 63 Prozent linke und nur 16 Prozent rechte Politikjournalisten.

VI. Dass sich der Trend seither vermutlich weiter nach links entwickelt haben dürfte, kann man auch daran ablesen, dass die (selbstdeklariert) ÖVP-nahen Journalisten bei den über 40-Jährigen noch 20 Prozent ausgemacht haben, bei den jüngeren hingegen 8 Prozent (insgesamt 17 Prozent). ÖVP-Sympathisanten finden sich noch eher bei männlichen und in den Bundesländern lebenden Journalisten, kaum noch bei Frauen und bei den in Wien beheimateten Medien.

VII. Ebenso krass ist, dass sich auf der Linken nur 5 Prozent als SPÖ-nahe deklariert haben, hingegen 28 Prozent als Grün-nahe (45 Prozent haben keine Parteipräferenz genannt).

D. Noch krassere Ergebnisse zeigt statista.com für die Parteipräferenz deutscher Politikjournalisten. Dort ist die SPD im Journalismus deutlich stärker als in Österreich die SPÖ; dort gibt es außerdem noch eine dritte Linkspartei; und dort ist die CDU/CSU noch viel schlechter, als es die ÖVP 2008 gewesen ist. (Die Ergebnisse: Grün 27%, SPD 16%, Union 9%, FDP 7%, Linke 4%, Keine Partei 36%).

E. FPÖ- beziehungsweise AfD-Sympathisanten sind in den Studien überhaupt nicht zu finden.

F. Zwei weitere Studien – die Ergebnisse der letzten Arbeiterkammerwahl bei österreichischen Medien und eine Untersuchung der FU Berlin – bestätigen für beide deutschsprachigen Länder voll diesen Trend.[26]

G. Einseitigkeiten der Medien führen immer öfter zum gegenteiligen des beabsichtigten Effekts: Die geschlossene Unterstützung der alten Medien (mit Ausnahme einer einzigen größeren TV-Station und mehrerer Radio-Sender) für Hillary Clinton ist von vielen US-Wählern als Kriegserklärung von oben aufgefasst und mit einer aus Protest entgegengesetzten Stimmabgabe beantwortet worden.

---

[26] A. http://www.andreas-unterberger.at/2015/07/die-journalisten-meilenweit-weiter-links-als-die-buerger/#comments.

6. WAHRHEIT UND HASS

SCHWER BIS GAR NICHT GREIFBAR: Das gilt sowohl für „Wahrheit" (also das Gegenteil von „Fake") wie „Hass". Volle Objektivität gibt es nur im Jenseits. Selbst die eigentlich zur Wahrheitssuche verpflichtete Strafjustiz scheitert dabei trotz eines gewaltigen Aufwands der Kriminalbehörden sehr oft. Es ist daher falsch, solche Begriffe in Gesetzen umzusetzen zu versuchen. Wahrheitsgetreue, objektive Berichterstattung in Medien ist in einer Demokratie nie durch die Obrigkeit durchsetzbar. Entscheidend kann in einer Demokratie immer nur das Vertrauen der Bürger in die Verlässlichkeit und Sorgfalt jedes einzelnen Mediums sein. Dieses aber haben (derzeit) viele alte wie neue Medien in einem sehr hohen Ausmaß verspielt.

WAHRHEIT

A. Auch ehrlicher Journalismus kann aus vielen Gründen nur das Streben um Objektivität und Wahrheit versprechen, niemals diese selber. Man denke etwa daran, wie unterschiedlich selbst unvoreingenommene Zeugen vor Gericht über den gleichen Vorfall berichten.

B. Es wäre schon allein deshalb unsinnig zu versuchen, die Wahrheit noch in weiteren Bereichen gesetzlich zu instrumentalisieren.

C. Eine politische Bewegung, die das versucht, gäbe überdies jede Berechtigung auf, sich als liberal zu bezeichnen.

D. Würde das versucht, landet man letztlich beim schrecklichen „Wahrheitsministerium", vor dem George Orwell so intensiv gewarnt hat.

E. Ein anderes Exempel solcher von einer Obrigkeit verordneter und durchgesetzter „Wahrheit" war das Metternich-System, das letztlich genau durch dieses Verhalten zu Österreichs einziger echter Revolution geführt hat.

F. Auch die drei großen Totalitarismen der letzten hundert Jahre (Kommunismus, Nationalsozialismus, Islamismus) haben jeweils vorgegeben, im Besitz der Wahrheit zu sein, und sich deshalb das Recht genommen, alles zu dürfen, um andere Wahrheiten und Meinungen zu verbieten und unterdrücken.

G. Das Christentum hingegen hat spätestens seit der Aufklärung voll akzeptiert, dass staatliche Macht keinesfalls Meinungen regulieren oder Wahrheiten durchsetzen darf (allerdings hat dieser Erkenntnisprozess in manchen Teilen der Kirche bis zum letzten Konzil gedauert).

H. Die mediale Suche nach Wahrheit ist zweifellos schon quantitativ immer schwieriger geworden. Längst ist die Quantität der in der PR oder Pressestellen Tätigen sowie der Spin-Doctoren weit größer als die der Journalisten. Selbst wenn man annehmen könnte, dass alle Journalisten unbeeinflusst durch Inserate, Zeitgeist und Ideologie den ganzen Tag nichts als die Wahrheit suchen würden, und zwar die ganze Wahrheit, sind sie dennoch schon rein zahlenmäßig hoffnungslos im Hintertreffen gegenüber jenen, die etwas ganz anderes in ihrer Job-Description haben als die Wahrheitssuche (um es höflich zu formulieren).

I. Auch die etablierte Wissenschaft bietet weniger denn je echte Hilfe bei der Wahrheitssuche, zumindest außerhalb der Naturwissenschaften. Nationalsozialistische (einst) beziehungsweise kommunistische Thesen (bis heute) wurden oder werden auf den Universitäten genauso verzapft wie etwa neuerdings die krause Theorie vom „sozialen Geschlecht" (die im totalen Gegensatz zur gesamten naturwissenschaftlichen Evidenz steht).

J. Bewusste wie unabsichtliche Unwahrheiten, anonyme Drohungen, Beschimpfungen, Verschwörungstheorien hat es immer gegeben (per Post, Telefon, Mundpropaganda). Sie haben sich auch des Öfteren weit verbreitet. Neu ist einzig, dass sie sich im Zeitalter des Internets – wie alles – viel schneller verbreiten können.

HASS

A. Noch weniger greifbar und definierbar als „Wahrheit" ist der Begriff „Hass". Letztlich steht hinter den neuerdings modischen Anti-Hass-Kampagnen die Anmaßung, auch reine Emotionen regulieren und verbieten zu können. Selbst dann, wenn diese auf nicht widerlegten Fakten beruhen.

B. Es ist zwar zweifellos Recht einer Religion, Hass zu stigmatisieren. In einer freien, demokratischen Gesellschaft kann das hingegen keinen Platz haben. Man käme sonst sofort in völlig absurde Dimensionen: Sollen etwa vergewaltigte Kinder oder Frauen den Vergewaltiger nicht hassen dürfen? Sollen sie ihre massiv negativen Gefühle gegenüber dem Täter nicht mehr öffentlich äußern dürfen? Sollen die monatelang bombardierten Bürger von Ost-Aleppo, sollen die verstümmelten Opfer eines Terroranschlags nicht ihre – natürlich hasserfüllten – Gefühle für die Täter äußern dürfen?

C. Noch deutlicher wird die Absurdität eines Hass-Verbots beim Blick nach Nordkorea: Dort ist die Bibel „Hate speech" und wird mit Lager oder auch Tod bestraft. Auch das zeigt: Die Definition, was Hass ist, ist immer massiv vom eigenen ideologischen Standpunkt geprägt.

D. Jedes Hass-Verbot ist ein gefährliches Instrument zum Aufbau eines totalitären Systems. Auch China begründet die Sperre ausländischer Internet-Seiten damit, dass dort Hass-Botschaften verbreitet würden.

E. Auch der österreichische Presserat ist mit seiner Meinungs-Judikatur voll gescheitert. Er ist zu einem ideologisch von der (sehr linken) Journalistengewerkschaft dominierten Instrument geworden. So hat er die „Kronenzeitung" verurteilt, weil sie frühzeitig geschrieben hat, dass der IS Anschläge in Europa plant und gezielt Leute nach Europa schickt – was inzwischen aber praktisch alle Polizeibehörden Europas bestätigen.[27] Der Presserat ist auch mit seinem Versuch gescheitert, eine Handreichung zum Thema „Flüchtlinge und Kriminalität" zu entwickeln. Wie nzz.at gut nachweist, hat man dabei Wünschenswertes und Realitätsvermittlung als Aufgabe der Medien völlig verwechselt.[28]

F. Schon jetzt führt die Zensurlust eines politisch-korrekt geprägten Regulierungs-Zeitgeistes zu absurden Maßnahmen: So wurde der Grüne Bürgermeister von Tübingen auf

[27] *http://www.ots.at/presseaussendung/OTS_20151130_ OTS0132/presserat-verunglimpfung-von-fluechtlingen-als-terroristen-in-kronen-zeitung.*

[28] *https://nzz.at/oesterreich/geist/journalismus-ist-kein-umerziehungsprogramm?cookie-policy-accepted=1482016411*

Facebook gesperrt, weil er das Wort „Mohren-kopf" verwendet hat.[29]

G. Ein typisches Hass-Posting war an sich wohl jenes Video, das eine in Wien tätige Jugend-bande mit einem Video auf Facebook gestellt hat. Es zeigt, wie sie im Wiener Donauzent-rum ein Mädchen verprügelt hat. Jenseits der Debatte, wie schnell Facebook das Posting eli-miniert hat, passierte etwas in der politischen Debatte Ignoriertes, aber umso Interessante-res, nämlich ein Interview des Opfers mit den Worten: „Ich kann das nie mehr verzeihen. Aber die Angreifer haben nicht mich, sondern ihr eigenes Leben zerstört, weil sie das Video ins Netz gestellt haben und dadurch dachten, dass sie cool wären." Wenn das stimmt, ging das Hass-Posting sogar nach hinten los.

H. Wollte man alle Gewaltdarstellungen in den Medien verbieten, dann wäre ein (leider gro-ßer) Teil der Realität medial nicht mehr vor-handen. Dann wären Medien nur noch Kin-derbüchern vergleichbar.

[29] http://www.stern.de/politik/deutschland/boris-pal-mer--facebook-sperrt-den-politiker-wegen-mohren-kopf-7223452.html

I. Sehr problematisch ist es auch, wenn der österreichische Chef des Bundesamts für Verfassungsschutz sich in einem Radio-Interview[30] mit deutlichem Missfallen darüber äußert, dass es „scharfe Töne" zunehmend auch in der politischen Mitte der Gesellschaft gebe. Und dass man im Internet seiner Meinung freien Lauf lasse. Genau dafür, dass man seiner Meinung freien Lauf lassen dürfe, haben jedoch die bürgerliche Revolution 1848 und dann das bis heute gültige Staatsgrundgesetz 1867 gekämpft. Man schaue nur die durchaus scharfen Töne der Hunderten(!) Zeitungen an, die 1848 zumindest kurzfristig entstanden sind. Sich so zu äußern wie der Verfassungsschutz-Chef zeigt zumindest unterschwellige Sympathien für den Metternich'schen Vormärz und den Neoabsolutismus (nur mit dem Unterschied, dass heute ganz andere Meinungen erwünscht sind als damals, nämlich anstelle eines kaisertreuen Loyalismus die einer linken Political Correctness. Ein geistiger Tunnelblick ist beides. Dementsprechend stammt der Großteil der allein 2015 wegen Meinungsdelikten gemachten 3600(!) Anzeigen aus dem linken Eck).

[30] *APA0157, 2016-11-26*

VERTRAUEN

A. Vertrauen ist die einzige legitime Währung in Medien (wie Politik). Um dieses gilt es täglich zu kämpfen. Und es ist viel schneller verloren als erworben.

B. Wer versucht, Vertrauen zu dekretieren, es durch Gebote und Verbote zu erringen oder vergrößern, erreicht in einer mündig gewordenen Gesellschaft immer nur das Gegenteil.

C. Es ist zwar in der politischen Auseinandersetzung wie im medialen Konkurrenzkampf verlockend, die jeweils andere Seite als „Lügner", als „postfaktisch" zu porträtieren und sich selbst auf die moralisch überlegene Seite im ewigen Wettstreit von „Gut und Böse" hinzustellen. Der liberale Rechtsstaat selbst sollte sich da aber strikt heraushalten.

ROLLE DER POLITIK

A. In diesem Kampf der Medien („Lügenpresse" vs. „postfaktisch") geht es immer auch um den Versuch, den Gesetzgeber jeweils auf die eigene Seite zu bringen.

B. Das zentrale Problem dabei: Der Gesetzgeber (also nichts anderes als die Summe der politischen Parteien) ist gleichzeitig immer zentrales Objekt dessen, worüber die traditionellen wie neuen Medien berichten. Er ist daher in diesem Bereich der Gesetzgebung besonders stark eigeninteressengesteuert.

C. Die Politik scheint derzeit versucht, die traditionellen Medien zu bevorzugen, weil diese leichter im Interesse von Parteien beeinflussbar scheinen (sei es durch Geld, sei es durch das Bewusstmachen einer Interessenkongruenz der Eliten). Das ist aber automatisch eine zusätzliche Gefahr für die traditionellen Medien, weil sie dadurch zusätzlich Vertrauen der Konsumenten verlieren.

D. Insbesondere in Österreich fehlt jede seriöse, wissenschaftlich hochstehende und politisch unabhängige Publizistik-Wissenschaft, die im Kampf der Medien dem Gesetzgeber Hilfe geben könnte. Die gesamte „wissenschaftliche" Diskussion wird von jeweils dahinterstehenden Interessen und nicht vom Streben nach Objektivität geprägt.

E. Hinter den Versuchen, die Internet-Medien einseitig als Quelle von Unwahrheit und Hass abzustempeln, steht nicht nur der (irgendwie verständliche) Versuche der alten Medien, sich für den massiven Vorwurf zu revanchieren, eine „Lügenpresse" zu sein, sondern auch die „kulturelle Hybris der Linken". Diese Hybris eingebildeter moralischer Überlegenheit, die glaubt, alle Andersdenkenden regulieren zu dürfen oder gar zu müssen, ist bei den Grünen heute weitaus am größten. Sie erinnert an die Haltung repressiver Gottesstaaten in den Zeiten vor einer Aufklärung. „Was moralisch richtig ist, wissen wir sowieso, und wir blicken mitleidig auf die anderen, die noch nicht soweit sind." Bastian Hermisson, Leiter der Heinrich-Böll-Stiftung in Washington, durchaus selbstkritisch beim jüngsten Parteitag der deutschen Grünen.[31]

F. Die Linke hat in vielen der alten Medien gleichgesinnte Partner bei ihren vielfältigen

---

[31] http://www.tagesspiegel.de/politik/political-correctness-die-masslosigkeit-der-fortschrittlichen-und-der-basket-of-deplorables/14961874-2.html

Bemühungen um eine „Umerziehung" gefunden (vom Gender Mainstreaming über die Welcome-Politik bis zur ständig behaupteten massiven Diskriminierung von Lesben und Schwulen). Daher hat die Linke binnen weniger Jahre einen blitzartigen Stellungswechsel von der Interessenvertretung der Internet-Generation zur härtesten Verteidigerin von Old Media vorgenommen. Das geschah auch deshalb, weil die Linke gleichzeitig merken musste, dass ihr auf fast allen elektronischen Plattformen neuerdings der Wind ins Gesicht bläst.

G. Ein Beispiel, wie der Kampf zwischen einzelnen Mediensorten auch von ganz anderer Seite ideologisiert worden ist, hat der italienische Linkspopulist Grillo vor dem jüngsten Referendum geliefert: Er rief dazu auf, keine Zeitungen zu kaufen, das sei „unmoralische und anachronistische Geldverschwendung. Italiener, informiert euch lieber im Internet."

H. Sehr rasch hat sich in den letzten Monaten eine globale Kampagne gegen Internet-Zensur und -Abschaltungen gebildet.[32] Dort finden

[32] *accessnow.org*

sich viele weitere Argumente gegen die von manchen Politikern beabsichtigten Zensurmaßnahmen.

7. RECHTLICHE UNGLEICHHEITEN

ERSTAUNLICHE UNGLEICHHEITEN bestehen in Österreich und in der EU bei der rechtlichen Behandlung der einzelnen Medienbereiche. Diese sind jetzt schon gerechtigkeits- und gleichheitswidrig, aber zum Teil durch EU-Richtlinien abgesichert. Sie sollten zur Gänze eliminiert werden. Auch deshalb, weil sie mit eine Hauptursache des europäischen Rückstandes im Internet-Bereich sind.

BEVORZUGUNG DER ALTEN MEDIEN

Diese geht zum Teil auf europäischen Strukturkonservativismus zurück, aber auch auf die erfolgreiche Lobbyarbeit der alten Medien. Sie ist Mitursache dafür, dass sich die großen und dynamischen Internet-Medien alle außerhalb der EU entwickelt haben, was sich heute für Europa als absolute Katastrophe erweist:

A. Besonders krass ist, dass für Vertriebseinnahmen (aus Abo wie Kiosk) von Papiermedien nur eine reduzierte Mehrwertsteuer zu zahlen ist, in Österreich sind das 10 statt 20 Prozent, bei Internet-Medien sind hingegen volle 20 Prozent für Vertriebseinnahmen zu zahlen (dabei geht es etwa um elektronische Bücher, kostenpflichtige Newsletter, Internetmedien mit Bezahlschranke).

Frankreich und Belgien haben versucht, diese archaische Regelung auszuhebeln. Das ist ihnen vom EuGH verboten worden. Die Begründungen dieses Verbots:

I. Zeitungen wären eine Ware, Online-Medien hingegen eine Dienstleistung (womit so getan wird, als ginge es um die steuerliche Förderung für Papier, was inhaltlich ein Unsinn und ökologisch ein Irrsinn wäre);

II. Print habe höhere Kosten (was zwar stimmt, aber dennoch ein unsinniges Argument ist. Denn mit dieser Begründung könnte man auch eine Förderung von Dampflokomotiven, Autos mit hohem Benzinverbrauch oder Pferdefuhrwerken durchsetzen).

B. Autoren bekommen die sogenannte Reprovergütung nur für gedruckte Texte, nicht für solche im Internet (etwa in Blogs),

I. obwohl logischerweise ein nur elektronisch vorhandener Text eher ausgedruckt wird als ein ohnedies schon in Papier vorhandener;

II. obwohl durch Google-Analytics u.a. die Zugriffe auf einen Text viel objektiver gemessen werden können als die verbreitete Auflage bei Print (siehe die einstigen großen Schwindeleien des „News“-Verlags bei der Auflagenkontrolle).

C. Es gab insbesondere in Österreich seit Jahrzehnten immer wieder Förderungen für den Bau von Druckereien durch Bund und Länder (wobei aber nirgendwo eine transparente Gesamtübersicht auffindbar ist).

D. Die gesetzlichen Presseförderungen auf Bundes- und Landesebene kommen ebenso wie die GIS-Gebühren nur den alten Medien zugute.

E. Auch bei den Bestechungsinseraten und -kooperationen aus Steuergeldern sind nur ganz wenige Geldflüsse Richtung Online-Medien feststellbar.

BEVORZUGUNG NEUER MEDIEN

A. Online-Medien zahlen zum Unterschied von Print keine Werbeabgabe (Anzeigensteuer).

B. Der Zugriff der Justiz bei Rechtswidrigkeiten (Ehrenbeleidigung, Kreditschädigung, Börsenkurs-Manipulationen usw.) ist bei ausländischen Internet-Seiten viel schwieriger. Zugleich ist der Auslandsanteil im Online-Bereich aber weit höher.

C. Online-Medien können – scheinbar oder wirklich – aus weitestgehend bis absolut rechtsfreien Ländern operieren; von Moldawien über Russland bis zu winzigen Karibik-Inseln.

D. Viele ausländische Online-Plattformen arbeiten mittels mehr oder minder komplizierter Konstruktionen weitgehend steuerfrei. Das ist bei Körperschaftssteuern kaum in den Griff zu bekommen. Bei Umsatzsteuern müsste das sehr wohl der Fall sein!

E. Es ist natürlich Unsinn – aber rechtlich noch nicht wirklich ausjudiziert –, wenn sich Facebook & Co darauf zurückzuziehen versuchen, sie wären ja gar kein Medium, sondern reine Technik und daher in Hinblick auf den Inhalt neutral wie etwa eine Telefonleitung. Sie sind eindeutig Medien und sollten daher weder milder, noch strenger behandelt werden als klassische Medien.

F. Die starke Auslandsdimension vieler Internet-Unternehmen und der dadurch mögliche Missbrauch rechtfertigen in keiner Weise eine Diskriminierung der korrekt in Österreich oder der EU arbeitenden Medien. Eine Diskriminierung würde nur dazu führen, dass neue Medien noch viel stärker aus der EU vertrieben würden.

8. AUFGABE DES GESETZGEBERS IN LIBERAL-DEMOKRATISCHEN GRUNDORDNUNGEN

VOLLE GLEICHBEHANDLUNG UND VOLLE MEINUNGSFREIHEIT sollten die obersten Maßstäbe der österreichischen und der europäischen Gesetzgebung sein. Die Gleichbehandlung aller Medien hat zu gelten, egal welche Technologie und welche Eigentümerschaft diese haben. Das reicht vom Steuerrecht bis zu den Gebühren.

Genauso wichtig ist eine Verstärkung der Meinungs- und Medienfreiheit. Es muss jedoch eine verstärkte Konzentration gegen alle wirklich zu Gewalt aufrufenden Internet-Seiten geben. Es muss auch dabei sichergestellt werden, dass Online-Medien im ausländischen Besitz ebenfalls die gleichen Regeln beachten. Straf- und zivilrechtlich hat Österreich eine ausreichende Gesetzgebung, die im Bereich der Meinungsdelikte unter EU-Druck jedoch die Meinungsfreiheit schon problematisch eingeengt hat, was zu einer wachsenden Kluft zwischen Bevölkerung und Staat führt. Denn in der Realität sind (nicht zuletzt unter Druck der Grünen) von einer überforderten Justiz überwiegend islamkritische und kaum islamistische Meinungen verfolgt worden.

Vehement ist daher vor zusätzlichen, neuen Anläufen zu einer versteckten oder direkten Zensur-Justiz gegenüber kritischen, aber friedlichen Bürgern zu warnen. Die zentrale Bedeutung der Meinungsfreiheit – zu der natürlich auch die Medienfreiheit gehört – muss auf allen Ebenen verteidigt oder vergrößert werden, nicht nur durch den auf diesem Gebiet lobenswert standhaften EGMR, den Europäischen Gerichtshof für Menschenrechte. Eine weitere wichtige Aufgabe ist eine funktionierende Informationsfreiheit.

INFORMATIONSFREIHEIT

A. Bei der Herstellung echter Informations- und Meinungsfreiheit sollte an den besten Vorbildern von Skandinavien bis Nordamerika Beispiel genommen werden.

B. Das gegenwärtige versuchte und völlig unzureichende Informationsfreiheitsgesetz ist nach skandinavischem Vorbild komplett neu zu überarbeiten. Unter diesen Standard darf nicht zurückgefallen werden. Das heißt insbesondere auch Abkehr von einer bloßen Ersetzung des allumfassenden „Amtsgeheimnisses" durch einen allumfassenden „Datenschutz".[33]

---

[33] Details siehe etwa auch www.transparenzgesetz.at

STRAF-, ZIVIL- UND MEDIENRECHT

A. Österreich hat eine sehr gut entwickelte Rechtslage rund um (strafrechtliche) Ehrenbeleidigungs- und (zivilrechtliche) Kreditschädigungsdelikte. Diese braucht keine inhaltliche Ausdehnung.

B. Durchaus legitim und richtig ist es hingegen, in einer 24-Stunden-Frist die Entfernung aller beleidigenden, zu Gewalt aufrufenden Postings zur Pflicht zu machen. Das darf aber keinesfalls für (angeblich oder wirklich unwahre) „Fake News" und Hass-Postings gelten (siehe weiter unten die Anmerkungen zum diesbezüglichen deutschen Zensur-Vorstoß). Denn würde die Rechtsordnung irgendwelche weitergehenden Schritte gegen (angebliche oder wirkliche) Hass- und Fake-Postings versuchen, würde das zu einer Vorweg-Zensur und zu einem Metternich-Staat im Zeichen einer Diktatur der Political Correctness führen.

C. Nur die im Inland – oder der EU – korrekt verankerte Medien (aller Art) sind für die österreichische Justiz gut greifbar. Immer mehr neue Medien kommen aber jetzt schon aus dem Ausland: Das reicht beispielsweise von Facebook über amerikanische Neonazi-Seiten über zahlreiche im russischen Internet-Bereich beheimatete Medien bis zum Darknet und bis zu den vielen direkt zu Mord und Terror anstiftenden Seiten etwa des „Islamischen Staates". Daher ist es unrealistisch, auf einen Erfolg rein österreichischer Maßnahmen zu hoffen. Hier können nur Kooperationen und Maßnahmen zumindest auf EU-, aber auch auf möglichst darüber hinausgehenden Ebenen wie OSZE oder UNO helfen. Dies könnte auch zu einem Ziel der österreichischen Außenpolitik werden.

D. Das klare Ziel solcher internationaler Kooperationen müssten völkerrechtliche Abkommen mit folgendem Inhalt sein:

- Klare Konzentration auf alles Gewaltaffine, das energischer als bisher zu bekämpfen ist.

- Einerseits möglichst globale inhaltliche Freiheit – also ohne Meinungs- oder Emotionskontrolle (auch wenn das von Moskau bis Ankara und Peking viele Akteure so wollen).

- Andererseits aber muss es darum gehen sicherzustellen, dass sich im Internet-Bereich niemand unidentifiziert bewegen kann. Dass also dort vom Phishing bis zum IS-Gewaltvideo jeder Urheber für die Gemeinschaft der Rechtsstaaten greifbar ist.

- Die Identifizierung darf freilich nur unter ganz strenger und qualifizierter richterlicher Kontrolle möglich sein.

- Jene Staaten, die sich dem nicht unterwerfen, sollten auch keinen Zugang zum Internet (natürlich immer einschließlich Mail, SMS, WhatsApp usw.) haben.

E. Das klingt zwar total utopisch, ist aber immerhin in zwei anderen Bereichen mit erstaunlich großen – wenn auch keineswegs hundertprozentigen – Erfolgen in den letzten Jahren realisiert worden:

- Beim Kampf gegen Kinderpornographie und die dahinterstehenden Netzwerke.

- Beim Kampf gegen die Geldwäsche und Ähnliches (auch wenn unbestreitbar ist, dass nicht alle Länder mit der gleichen Konsequenz wie Österreich von der Finanzwirtschaft ein „Know your customer" erzwungen haben).

F. Eine absolute Fehlentwicklung innerhalb der EU und in Österreich ist die vor wenigen Jahren ausgeweitete massive Strafbarkeit von bloßen Meinungen („Verhetzung"). Seither können unter Umständen auch Faktenäußerungen bestraft werden, selbst wenn sie wahrheitsgetreu sind. Es genügt nach dieser neuen Rechtslage, dass Äußerungen geeignet erscheinen, zu Hass gegen bestimmte privilegierte – überwiegend den Grünen nahestehende – Gruppen zu führen. Auch wenn das nicht beabsichtigt ist und auch wenn damit keinerlei Anstiftung oder Aufforderung zu Taten verbunden ist. Noch schlimmer ist, dass ohne erkennbaren Grund (außer den ideologischen Tendenzen der damaligen überwiegend roten und grünen Justizminister) bestimmte exponierte Gruppen nicht geschützt sind: z.B. Unternehmer, Bauern oder Priester. Gegen die darf man nach diesen Verhetzungsregeln weiterhin hetzen.

G. Noch bedenklicher sind daher alle Versuche, Meinungen künftig sogar noch strenger zu regulieren, egal ob man die dadurch eventuell entstehenden Emotionen (wie etwa „Hass") mag oder nicht.

H. Jetzt schon ist eine für den Rechtsstaat und seine gesamte Legitimität sehr bedenkliche Entwicklung zu beobachten: Verurteilungen wegen reiner Meinungsdelikte führen längst nicht mehr zu einer Abwendung der Bürger und Wähler, sondern ganz im Gegenteil zu einer verstärkten Hinwendung zum Verurteilten. Die Wähler sehen zunehmend die Justiz durch eine vermeintliche Politische Korrektheit parteipolitisch instrumentalisiert und reagieren empört: So stieg die Zustimmung zum niederländischen Populisten Wilders infolge eines Prozesses um eine Wilders-Aussage von 27 auf 35 Sitze. Das ist noch dazu knapp vor Parlamentswahlen für seine politischen Gegner besonders kontraproduktiv, die aber zum Teil selbst dieses Verfahren verlangt haben.[34]

I. Der rein quantitativ relevante Umstand, dass es im Zeitalter des Internets heute viel mehr Me-

[34] *APA0318, 2016-12-11*

dien gibt, in denen Ehrenbeleidigungs- und Kreditschädigungs-Delikte stattfinden können, kann kein Grund sein, inhaltlich mehr Delikte verfolgbar zu machen.

GOOGLE & CO

Wenn die traditionellen Medien glauben, dass ihnen Internet-Giganten wie Google viel Geschäft nehmen, dann sollten sie weniger wehleidig jammern, sondern sich für die EU-weite Schaffung entsprechender europäischer Plattformen engagieren (das kann nur zumindest EU-weit funktionieren und könnte von der EU finanziert werden):

A. Eine gemeinsame europäische Anzeigenvermittlungsplattform für Online, die technologisch wie kaufmännisch genauso gut wie Google-Adwords ist, die aber den Content-Produzenten einen höheren Anteil an den Einnahmen lässt, als Google dies tut.

B. Erst dann würde es Sinn machen, dass die europäischen Printmedien Google & Co die Nutzung ihrer Artikel durch die bekannten Kurzhinweise untersagen (derzeit sind diese

Verweise der Suchmaschinen auf Medientexte für die Medien selbst ja absolut unverzichtbar).

C. Als Langfristziel könnte auch an den Aufbau einer europäischen Google-Konkurrenz gedacht werden, in die alle europäischen Medien exklusiv zuliefern und die daraus entstehenden Erträge kassieren.

D. Bei dieser aufzubauenden Konkurrenz geht es einerseits um die Suchmaschinenfunktion (das bedeutet aber die Entwicklung eines extrem schwierigen Algorithmus) und andererseits um einen Nachrichtenüberblick wie news.google.at.

E. Das hat daher nur dann Sinn, wenn alle oder fast alle mitmachen.

Die Aufholung des (auch durch die strukturkonservativen und Alt-Platzhirschen schützenden Gesetzgeber verschuldeten) Vorsprungs von Google und seine weitgehende Monopolstellung als Internet-Anzeigen-Lieferant wird extrem schwer sein. Denn Google kennt durch seine Tätigkeit als Suchmaschine bestens die Interessen der einzelnen User.

Dazu ist eine Fülle weiterer kostenloser Dienste gekommen (Kalender, Mail, Nachrichten, Fotostorage, YouTube, Google-Drive etc.), die Google einen riesigen Vorsprung bei der zielgerichteten Auslieferung der Werbung bringen.

MEDIENFÖRDERUNG

Innerösterreichisch ist Ja zu einer Medienförderung zu sagen. Denn unabhängige, pluralistische, völlig freie, einzig der Suche nach der Wahrheit verpflichtete, von einem hohen Bildungs- und Wissensniveau ausgehende journalistische Arbeit ist unabdingbar für einen demokratischen Rechtsstaat. Und solche journalistische Arbeit kostet nun einmal Geld, weil auch Journalisten bezahlt werden wollen. Schließlich bezahlt die Republik ja auch Nachrichtendienste, Kriminalpolizei und Gerichte, die letztlich ebenfalls ihren eigentlichen Zweck in der Suche nach Wahrheit haben.

Allerdings ist eine Medienförderung nur unter sehr spezifischen, gesetzlich genau festzulegenden Bedingungen legitim. Zu diesen Bedingungen muss jedenfalls gehören (einige Stichworte):

A. Alle Medien vom ORF über Print bis zum Internet sind prinzipiell gleich zu behandeln.

B. Dabei muss auch die österreichische Dimension angesichts eines mehr als zehnmal größeren Verbreitungsgebiets der gleichen Sprache außerhalb Österreichs einen Schwerpunkt bilden (TV- oder Radio-Sprache, Kulturevents usw.). Nur das legitimiert überhaupt die damit verbundene Nichtförderung ausländischer Medien, die auch in Österreich tätig sind.

C. Unabdingbar sind Pluralität (die es entweder innerhalb eines Mediums oder durch die Sicherstellung einer ausreichenden Vielfalt innerhalb einer Medienkategorie geben muss) und Fairness.

D. Das naturwissenschaftliche Defizit Österreichs muss Teil einer präziseren Definition von „öffentlich-rechtlich" sein. Dabei muss es um mehr gehen als um liebe Tier- und Naturfilme.

E. Auch die Bekämpfung des fremdsprachlichen Defizits sollte zum Ziel werden. Dabei könnte es etwa wie in vielen nordischen Ländern um Spielfilme in Originalsprache mit Untertiteln gehen.

F. Bestimmte Inhalte (Astrologie, Pornographie, Berichte mit Fotomontagen, Glücksspiel-Bewerbung usw.) sind jedenfalls generell von Förderungen auszuschließen.

G. Die Entscheidung, was förderbar ist, darf nicht mehr durch die Medien selbst (wie im Fall ORF), sondern immer nur durch eine unabhängige Kommission erfolgen.

H. Die größte Schwierigkeit ist, diese Kommission wirklich unabhängig zusammenzusetzen. Dies geht wohl am besten durch eine Mischung folgender Gruppen: etwa durch von Gerichten nominierte Richter, pensionierte Spitzenjournalisten, Volkswahl oder ein Milizsystem wie bei Geschwornen, und höchstens nur eine kleine Minderheit von Parteienvertretern.

I. Hundertprozentiges, auch strafrechtlich abgesichertes Verbot von Inseraten, Medienkooperationen u.ä. für alle Institutionen, die der Kontrolle durch den Rechnungshof unterliegen oder die von der öffentlichen Hand Subventionen erhalten (außer wenn auf diese ein gesetzlicher Anspruch besteht).

J. Solange der ORF aber noch gebührenmäßig gegenüber anderen Medien bevorzugt ist, ist ihm per Gesetz das Betreiben einer Online-Nachrichtenplattform zu untersagen. Denn dort macht er den anderen Medien am meisten unlautere Konkurrenz. Diese Konkurrenz ist nicht nur deshalb unlauter, weil der ORF auf einem hohen Gebührensockel ins Internet-Rennen starten konnte, sondern auch weil er diese Plattform weiterhin ohne Kostendruck fast werbefrei betreiben kann.

Diese weitgehende Werbefreiheit macht orf.at für den Konsumenten so konkurrenzlos attraktiv. Erstens, weil Werbung viele Seiten total unübersichtlich macht. Und zweitens, weil sich die ORF-Seiten dank weitgehender Werbefreiheit blitzschnell aufbauen können, während alle anderen durch die viele Werbung zwangsläufig langsam sind (noch dazu, wenn diese bewegliche Bilder zeigen). Auf diese Werbung sind die anderen Medien aber angewiesen, um nicht noch defizitärer zu werden.

K. Der ORF ist jedenfalls auch einer Rechnungshof-Kontrolle zu unterstellen, solange er Gebühren bezieht oder in irgendeiner Form von Staatseigentum steht.

DEUTSCHER ZENSUR-VORSTOSS

Die deutsche Regierungskoalition will neuerdings, dass im Internet binnen 24 Stunden „nach Meldung" alle „Fake News", also alle angeblich oder wirklich unwahren Postings, Facebook-Einträge, Blogs usw. gelöscht werden müssen (SPD-Fraktionsvorsitzender Oppermann will das sogar mit 500.000 Euro Strafe belegen[35]). Deutschland will das EU-weit durchsetzen und setzt auch Österreich diesbezüglich unter Druck.

Das ist aus mehreren Gründen absurd:

A. Es ist völlig unmöglich, ganz unabhängig von der Frist, die Wahrheit oder Unwahrheit einer Aussage feststellen zu können.

B. Das ist auch mit hoher Wahrscheinlichkeit verfassungs- und EMRK-widrig, weil es eine Einschränkung der Meinungsfreiheit darstellt. Diese umschließt – was vielfach vergessen wird – zwangsläufig auch die Freiheit zu falschen Fakten (sonst hätte Österreich nicht die Meinungseinschränkung durch das Verbotsgesetz mit einem ausdrücklichen EMRK-Vorbehalt sichern müssen!).

[35] *Siehe APA 0425, 2016-12-16*

C. Solche gesetzlichen Regelungen würden zwangsläufig dazu führen, dass jede unerwünschte Meldung, jedes unerwünschte Posting usw. auf Verlangen entfernt werden müsste, weil von interessierter Seite einfach behauptet werden wird, dieser Text enthalte die Unwahrheit.

D. Das wird automatisch zu einem Tsunami solcher Forderungen führen.

E. Es wäre aber auch gleichheitswidrig, wenn nicht zugleich mit der von Deutschland gewünschten Regelung auch die Zeitungen verpflichtet würden, 24 Stunden „nach Meldung" alle Exemplare mit angeblichen oder wirklichen „Fake News" einzustampfen. Natürlich müsste eine solche Regelung nach dem Gleichheitsgrundsatz sowohl Druck- wie auch alle Online-Auftritte von Zeitungen usw. treffen.

F. Für die österreichischen Zeitungen wäre die Umsetzung der deutschen Idee aber doppelt schlimm. Denn sie verbleiben ja jedenfalls im Zugriff eines solchen Wahrheitsgesetzes.

G. Die unseriösen würden sich noch mehr in den Untergrund (Darknet) zurückziehen.

H. Und vor allem würden sich die großen internationalen Sozialen Medien höchstwahrscheinlich diesem Zugriff ganz entziehen. Was ihnen vermutlich künftig Richtung USA besonders leicht fallen wird. Was aber notfalls auch Richtung Russland, Moldawien usw. erfolgen könnte.

I. Was will die Politik machen, wenn die großen Internetplattformen sich auf der Flucht vor einem solchen Wahrheitsgesetz dem Zugriff der österreichischen und deutschen Rechtsordnung ganz entziehen? Will man dann etwa österreichischen und deutschen Internet-Usern den Zugang zu Facebook usw. abdrehen?

J. Damit würden wir uns auf eine Stufe etwa mit China stellen, das auch ständig versucht, seine Bürger von Google, Facebook & Co fernzuhalten. Wollen europäische Länder wirklich diese Blamage? (Ganz abgesehen davon, dass die Internet-affinen Bürger Chinas jetzt schon viele Wege gefunden haben, diese Zensur zu umgehen.)

Eine rasche Entfernung sollte es hingegen bei ehrenbeleidigenden und strafrechtswidrigen Postings geben.

Ebenso sind solche Postings, die vorgeben, von jemandem (meist einem Prominenten) zu stammen, von dem sie aber nicht sind, rasch zu entfernen. Aber nur in manchen Fällen lässt sich das rasch und zweifelsfrei beweisen, in vielen hingegen nicht, und schon gar nicht in 24 Stunden.

9. EINIGE TIPPS FÜR MEDIALES AGIEREN VON POLITIKERN ODER PARTEIEN IN EINER NEUEN MEDIENWELT

DIESE KURSORISCHEN TIPPS können natürlich nicht eine detaillierte Medienstrategie ersetzen. Aber vielleicht ist doch manches wertvoll:

TIPPS FÜR EINZELNE POLITIKER

Politiker, die glauben, Kommunikation ist nur etwas für Wahlkampfzeiten, für die man sich dann teure Berater holt, haben schon verloren. Laufende Kommunikation mit den Bürgern ist vielmehr für alle politisch Tätigen eine – nein: die ständige zentrale Aufgabe. Diese Aufgabe gilt gegenüber allen Medien, alten wie neuen.

A. Die Medienwelt ist sehr vielfältig geworden. Das schafft für öffentlich Agierende eine zusätzliche zeitliche Belastung. Das öffnet aber auch viele neue Möglichkeiten und Chancen, die es zu nutzen gilt. Das befreit vor allem zunehmend aus der Abhängigkeit von einzelnen Platzhirschen.

B. Auch wenn einem sämtliche Medien mit voller Windstärke ins Gesicht blasen, zahlt sich mutiges und durchargumentiertes Stellunghalten aus. Siehe Wolfgang Schüssel Jänner/Februar 2000. Siehe Sebastian Kurz Herbst/Winter 2015/16.

C. Wer in seiner öffentlichen Argumentation ohne Emotion arbeitet, hat jedenfalls schon verloren. Nur mit Emotion spricht man die Menschen an.

D. Emotion ist aber keinesfalls das Gegenteil von Rationalität, sondern untrennbare Begleiterscheinung. Nur wenn ich rationale Positionen auch emotional erklären kann, sind sie wirklich rational.

E. Härte, Standpunktfestigkeit und auch Bereitschaft zu totalem inhaltlichen Widerspruch dürfen nie zu Beleidigungen führen.

GENERELLER UMGANG MIT MEDIEN

A. Für viele Politiker stellt sich im Umgang mit allen Arten von Medien mehr denn je eine zentrale Frage: Wie gehe ich mit den einzelnen Medien um (Zeitungen, Fernsehstationen, Bloggern, Internet-Seiten, freien Journalisten usw.), gleichgültig, ob man als Leser oder als Auskunftsperson mit diesen Medien zu tun hat oder sie nur konsumiert? Diese Fragen sind doppelt wichtig geworden, seit im Internet ein unübersehbarer Strom an vielfältigen Medien entstanden ist.

Einige Tipps, was dabei geprüft werden sollte:

- Kenne ich das Medium schon länger? Wieweit hat es sich bisher als halbwegs verlässlich erwiesen, sodass sich bei mir ein Mindestmaß an Vertrauen entwickelt hat?

- Kenne ich auch den Autor, und wieweit hat der sich bisher als halbwegs verlässlich erwiesen (keineswegs alle Mitarbeiter eines Mediums sind gleich)?

- Weiß ich etwas über finanzielle oder sonstige Abhängigkeiten des betreffenden Mediums/Autors?

- Ist mir klar, dass absolut jedes Medium, jeder Autor eine ideologische Brille hat, selbst wenn er sich ehrlich um Objektivität bemüht (was man a priori jedem zubilligen soll)?

- Lade ich auch Vertreter der neuen Medien zu Presse- oder Hintergrundgesprächen, zu sozialen Kontakten ein (die freilich noch viel weniger als Old-Media-Exponenten kommen werden, wenn sie sich nichts Relevantes erwarten. Man darf sie also nie durch Langweiligkeiten enttäuschen)?

- Ist mir klar, dass man dafür etliche Zeit investieren muss, um jene –immer wieder neuen – Kommunikatoren zu finden, die nicht nur in Blogs, sondern auch Sozialen Medien viele Tausende Follower haben?

- Ist mir klar: Je unbekannter ein Medium/ Journalist ist, umso größer ist die Gefahr, dass man als Leser wie als Interviewter mit Nachrichtendiensten, Provokateuren oder auch Geisteskranken zu tun hat?

B. In Amerika haben Experten die 8-Sekunden-Regel entwickelt: Jede politische Maßnahme muss – nicht nur im Wahlkampf – in einem

kurzen, allgemeinverständlichen Satz erklär-
bar sein. Das Formulieren solcher Sätze ist
dort schon lange, bevor Interviews sich mit einem Thema befassen, eine Hauptaufgabe von
Politikerkabinetten. Man kann sagen: Ist man
nicht imstande, einen solchen Satz, ein solches
Argument zu finden, dann ist wahrscheinlich
auch die Maßnahme, die Politik schlecht.

C. Manche Persönlichkeiten wirken im persönli-
chen Kontakt deutlich besser als im medialen.

D. Selbst zu bloggen, zu twittern, in Facebook zu
schreiben oder Newsletter zu verfassen, schafft
aber jedenfalls immer viel mehr Kontakte, als
es persönliche Begegnung vermag. Auch wenn
die persönliche Begegnung oft nachhaltiger
wirkt.

E. Blogs, Video-Kommentare usw. ohne ausreichende Leser/Seher/Freunde/Follower sind
wenig wirksam. Wo nimmt man die her? Angesichts einer explosionsartig wachsenden
Zahl von Plattformen, die elektronische Texte
verbreiten, hat man mit wachsender Konkurrenz zu kämpfen. Andererseits wird jedoch
im Internet auch die Zahl der Leser immer

größer (derzeit sind die über 60-Jährigen nach langem Zuwarten die am raschesten wachsende Gruppe).

F. Die Sozialen Medien sind alle ein dicker Bypass an den Gatekeepern (an den alten Medien) vorbei. Was vor allem dann, wenn diese Gatekeeper einem Politiker gegenüber mehrheitlich eher feindlich eingestellt sind, sehr wichtig für einen Politiker ist.

G. Für die traditionellen Medien ist das natürlich traurig, weil sie damit ein weiteres Stück ihrer Gatekeeper-Funktion verloren haben (= die Schiedsrichter-Rolle zu entscheiden, welche Nachrichten überhaupt verbreitet werden).

BLOGS UND GASTKOMMENTARE

A. Bei der Einrichtung von Internet-Blogs sollte die primäre Beratung immer durch Kommunikations- oder journalistische Experten erfolgen. Layouter und Programmierer sind hingegen nur wichtige (und unverzichtbare) Helfer, aber sie haben nicht die Kommunikation und deren Wirkung, also das Wichtigste, im berufliche Auge, sondern Schönheit oder Technik.

B. Man muss in Blogs wirklich etwas zu sagen haben und sagen wollen. Also nicht nur herumreden oder oberflächliche Propaganda absetzen.

C. Man muss gut schreiben und formulieren (lassen) können. Aber der primäre und substanzielle Gedankeninput muss immer vom Politiker selber kommen.

D. Die Konsumenten merken bald, wenn die Statements zur Gänze von Mitarbeitern und Pressesprechern stammen. Diese glauben oft, auf kantige Aussagen verzichten zu können.

E. Trotzdem sollte man sich bewusst sein, dass man in traditionellen Medien noch immer weit mehr Leser erreicht als in einem wenig gelesenen Blog! Daher sollte man zumindest versuchen, Texte als Gastkommentar in traditionellen Medien unterzubringen, von vielen Bezirksblättern bis „Presse" und „Standard". Man sollte aber nicht gekränkt sein, wenn Zeitungen schon aus Platzgründen oft absagen.

F. Es sind aber auch immer mehr der viel gelesenen Internet-Seiten offen für Gastkommentare, wo es keine Längenprobleme gibt.

VIDEOS

A. Eindeutig eine rapide kommende Kommunikationsform sind Video-Kommentare, die man auf YouTube und anderen Plattformen abspielen kann. Da viele Persönlichkeiten besser reden können als schreiben, wirken sie dort sogar deutlich authentischer. Nur ein paar Tipps dazu:

B. Kurz und häufig ist weit besser als lang und selten.

C. Antwort auf kritische und harte Seher-Fragen wirkt besonders gut. Diese Fragen sind aber nur glaubwürdig, wenn sie echt sind (wenn das PR-Agenturen faken, wirkt es fast immer peinlich). Ideal, aber nicht unverzichtbar: Die Fragesteller werden auch gefilmt (was sicher schwierig ist).

D. Damit es professioneller wirkt, sollten mehrere verschiedene (möglichst) HD-Kameras im

Einsatz sein (simple Skype-Technologien wirken nur gut, wenn man etwa aus Krisengebieten berichtet).

E. Solche professionellen Dienstleistungen (mehrere professionelle HD-Kameras, Schnitt, Beleuchtung, YouTube- und Soziale Medien-Platzieren usw.) kann man heute um wenige Hundert Euro pro Video-Kommentar zukaufen. Am billigsten wird es, wenn man bei einem Termin gleich mehrere Kommentare aufnimmt – dabei einfach Krawatten o.ä. tauscht – und diese dann im Wochenabstand abspielt.

F. Das kostet in Summe kaum mehr als APA-ots[36]-Meldungen (die außerdem kaum gelesen werden).

G. Videos eigenen sich besonders gut für eher zeitlose Themen. Für brandaktuelle ist hingegen Twitter besser.

H. Man kann und soll die Videos natürlich auch auf der eigenen Homepage platzieren und jedenfalls in den Sozialen Medien bewerben.

---

[36] *APA Originaltextservice*

TWITTER

A. So problematisch auch viele traditionelle Medienbeobachter sie sehen, aber als jederzeit aktivierbare Instant-Messages haben sich die ständigen Tweets von Donald Trump sensationell bewährt, auch wenn viele Profis fast bei jedem einzelnen Tweet die Hände über dem Kopf zusammengeschlagen haben.

Aus folgenden Gründen hat das funktioniert und kommt insofern auch für andere Politiker in Frage:

- Die Menschen haben das Gefühl, endlich unmittelbar informiert zu werden! Diese Unmittelbarkeit erhöht die Glaubwürdigkeit gewaltig (dass sich die Trump-Berater über viele Tweets ihres Chefs geärgert haben, hat diese für die Bürger nur umso attraktiver gemacht!).

- Das Gefühl, wirklich persönlich informiert zu werden, ist angesichts der wachsenden Skepsis gegenüber alten wie neuen Medien ganz besonders wichtig (auch beim Fernsehen fühlen sich die Bürger etwa durch Schnitte zensuriert).

B. Twitter und die anderen neuen Medien kosten fast nichts.

C. Auch traditionelle Medien schöpfen regelmäßig News oft aus Twitter-Statements von Politikern. Nicht zuletzt deshalb, weil es das rascheste Medium der Direktinformation etwa aus Sitzungen heraus oder eines zitablen Kommentars zu aktuellen Entwicklungen ist. Damit werden aber natürlich die Sozialen Medien zusätzlich aufgewertet.

D. In Twitter (und ähnlich Facebook) punktet man am besten mit Witz und Kreativität, sogenannte Memes.

FACEBOOK

Facebook ist jene Plattform, wo die weitaus meisten Leser zu finden sind. Es hat derzeit das Match gegen Twitter haushoch gewonnen. Allerdings besteht da die Gefahr, zwischen allzu vielen Katzenvideos unterzugehen.

INTERVIEWS

Die Goldwährung im Auftreten eines Politikers ist immer noch das Wortlaut-Interview in Zeitungen und Fernsehen/Radio. Internet-Medien machen ja fast nie eigene Interviews, aber sie reflektieren sehr häufig über solche in traditionellen Medien. Zum Unterschied von den jeweils anderen Print-Medien beziehungsweise Fernsehstationen haben sie ja auch keine Konkurrenzgefühle gegenüber dem Quellen-Medium. Insofern sind die klassischen Medien also heute trotz aller Krisen wichtiger denn je.

Einige knappe Tipps auch dazu (ergänzend zu denen im vorigen Punkt):

A. Politiker sollten häufig zu Interviews bereit sein, solange die Rahmenbedingungen fair sind (insbesondere das Recht auf Korrektur und Freigabe bei naturgemäß immer gekürzten Print-Interviews). Vor Interviews zu Tode gefürchtet ist auch gestorben.

B. Am besten – aber auch seltensten – sind Live-Interviews in TV und Radio. Da hat man selbst ohne Schnitte die Situation im Griff.

C. Lasse ich mich durch den freundlichen Charme des fragenden Journalisten täuschen (dieser Charme ist oft reziprok zur journalistischen Seriosität des Betreffenden)?

D. Keine Angst vor kantigen Fragen: Das ermöglicht, die eigene Position viel besser klar zu machen als etwa bei nichtssagenden oder gar bestellten Fragen.

E. Es gibt viele Medientrainer, die angepasstes Verhalten und eine konfliktvermeidende Behandlung des Interviewers empfehlen (wohl auch deshalb, weil die meisten von ihnen selbst aus dem ORF oder anderen klassischen Medien kommen): Dieser Ratschlag ist in der Regel falsch.

- Denn erstens haben Journalisten heute genauso schlechte Imagewerte wie Politiker; schon deshalb kann man durch erkennbare Gegnerschaft nur gewinnen.

- Zweitens würde durch angepasstes Verhalten das ohnedies große Misstrauen der Wähler über eine politmediale Haberei noch verstärkt.

- Drittens gewinnt ein kantiger Politiker automatisch an Statur und Sympathien. „Der traut sich zu widersprechen, daher muss er eine Persönlichkeit sein".

- Viertens hilft ein sachlicher, aber harter Gegenangriff immer mehr als zaghaftes oder gar unwirsches Herumreden (exemplarisches Beispiel Sebastian Kurz: Er hat vor einigen Monaten in einem ZiB-2-Interview nicht weniger als dreimal wörtlich gesagt: „Dieses Faktum haben Sie nicht berichtet", worauf Armin Wolf jedes Mal sehr kleinlaut das Thema wechseln musste. Natürlich erfordert das eine gute Vorbereitung.)

F. Nie beleidigt, aber standhaft sein.

G. Man muss immer mit Fragen zu unangenehmen und anderen Themen als den im Vorgespräch angekündigten rechnen. Journalisten schöpfen diese Fragen sehr oft aus den Meldungen der letzten 72 Stunden, sodass man sich recht gut darauf vorbereiten kann.

H. Viele Journalisten sind übrigens geradezu dankbar, wenn man ihnen vor einem Interview etwa signalisiert: „Sie können mich natürlich fragen, was Sie wollen, aber zu folgendem Thema würde ich etwas Neues und Spannendes sagen."

I. Die dümmste Antwort bei Interviews ist die Formulierung: „Das ist nicht die Frage." Da spürt der dümmste Zuhörer, da weicht einer aus. Viel besser und richtiger ist es, dialektisch auf eine höhere Ebene zu wechseln. Etwa wenn man – wie derzeit häufig – auf Tränen einer abzuschiebenden Flüchtlingsfamilie angesprochen wird, nicht auf diese direkt einzugehen, sondern beispielsweise sagen: „Wenn der Rechtsstaat da gebogen würde, würden wir hunderttausende andere Familien einladen, hereinzukommen, die dann mit Hilfe des ORF (Puls4 usw.) zu bleiben versuchen. Das wäre eine Katastrophe für Österreich."

J. Interviews geben lernt man auch durch Studium diesbezüglich begabter Politiker. Die Interessantesten der letzten Jahrzehnte waren wohl zweifellos Bruno Kreisky, Alexander Van der Bellen, Karl-Heinz Grasser und Sebastian Kurz (das sei natürlich jeweils OHNE Bewertung der jeweiligen Politik gesagt). Aber auch der total konfrontative Interviewstil eines Jörg Haider und eines Frank Stronach hatte Erfolge gebracht. Jeder der Genannten ist oder war zwar ganz anders (von total dialogbereit bis total streitsüchtig). Aber jeder hat sich in den Zuhörern als interessante Persönlichkeit mit eigener Meinung und ohne Politphrasen eingeprägt.

K. Wird ein Politiker nicht (mehr) interviewt, liegt das mit Sicherheit nicht daran, dass er dem Interviewer widersprochen hat, sondern daran, dass sich Journalisten von ihm nichts Interessantes mehr erwarten.

L. Schlagfertigkeit kommt bei den Zuhörern (fast) immer exzellent an, aber sie kann auch furchtbar schief gehen. Und sie ist halt nicht jedermann gegeben. Manche vortrainierte schlagfertige Sprüche sind nur peinlich. Heinz Fischer oder Hans-Dietrich Genscher haben sich deshalb nie in Schlagfertigkeit versucht.

M. Beim Training sollte vor allem der Politik- und Experten-Sprech abgewöhnt werden. Entscheidend ist, wieder reden zu lernen wie normale Menschen. Nur so erreicht man, dass diese überhaupt wieder zuhören.

N. Mehr Vorsicht ist bei Talkrunden am Platz: Hier tut man sich bei nicht ausgewogenen Runden schwer (was ja in Österreich häufig der Fall ist). Da besteht die Gefahr unterzugehen. Daher sollte man unbedingt darauf bestehen, vorher die Namen aller Mitdiskutanten zu erfahren, und auch zu Absagen in letzter Minute (und diesbezüglicher Kommunikation über Twitter) bereit sein, wenn man hineingelegt wird. Besondere Vorsicht ist bei jenen Formaten am Platz, wo auch Diskussionsbeiträge aus dem Publikum erfolgen können. Damit steuern manche linkslastige Redaktionen die Diskussion in ihrem Sinn.

MEDIENPOLITIK DER PARTEI

Eine zentrale medienpolitische Aufgabe einer Partei ist eine gezielte und strukturierte Medienbeobachtung. Die scheint es jedoch nur sehr sporadisch zu geben, also nur dann, wenn ein Politiker selbst im Fernsehen unkorrekt attackiert oder in der APA falsch zitiert wird.

A. Bei jenen beiden Medien, die durch Gesetz oder Eigentümerstruktur theoretisch zu Objektivität und Ausgewogenheit verpflichtet sind, also bei APA und ORF, sind die regelmäßigen Verletzungen dieser Bemühungen konsequent auch öffentlich aufzuzeigen. Dabei muss es insbesondere auch um das Agenda-Setting gehen.

B. Bei allen anderen – alten wie neuen – Medien empfiehlt sich oft der Versuch einer direkten telefonischen Kontaktaufnahme beim betreffenden Medium/Journalisten, um etwa auf Irrtümer oder übersehene Fakten hinzuweisen.

C. Die FPÖ hat sich von allen großen Parteien weitaus am besten in der Welt der neuen Medien etabliert. Das ist auch von Politikern anderer Parteien objektiv zu analysieren. Denn man kann daraus etliches lernen, auch wenn es zweifellos für eine Oppositionspartei viel leichter ist, Öffentlichkeitsarbeit zu betreiben.

Die Erfolgsmodelle der FPÖ reichen vom eigenen Parteifernsehen bis zu dem ihr sehr nahestehenden unzensuriert.at. Dazu einige kurze Hinweise:

• Die FPÖ hat aus der Not, dass sie bis auf die Kronenzeitung von allen traditionellen Medien negativ behandelt wird, eine strategische Tugend gemacht: Sie lässt die traditionellen Medien a priori links liegen und hat sich ganz auf jene Medien konzentriert, die weltweit von Tag zu Tag eine größere Rolle im Diskurs der Bürger spielen, also die neuen.

- Kommunikation via Soziale Medien ist weit billiger als mit Werbung in traditionellen Medien.

- Sie hat die Grünen auf diesem Gebiet heute weit überholt, obwohl diese vor wenigen Jahren dort (siehe etwa das nicht positiv gemeinte Zitat „Internet-Generation" von Wolfgang Schüssel) noch weit führend waren.

- Sie hat sich vor allem auf Facebook konzentriert, was weit massenwirksamer ist als Twitter, das eher links und eher in der polit-medialen Blase verbreitet ist.

D. Es wäre parteistrategisch unklug, sich von den traditionellen, in gewaltigen wirtschaftlichen Nöten und Abstiegsängsten befindlichen Print-Medien einseitig in deren Interesse einspannen zu lassen. Letztlich glaubwürdig ist immer nur eine um Gleichbehandlung aller bemühte Ordnungspolitik.

E. Viele Parteien widmen viel zu wenig Energie der Auslese und Rekrutierung des Nachwuchses, insbesondere für Kabinette u.ä. Hier sollte man sich ein Vorbild nehmen etwa an der Industriellenvereinigung (Trainee-Programme) und auch vielen Großunternehmen, die sich wirklich Kandidaten intensiv anschauen, bevor sie die besten in den Mechanismus hineinlassen. Denn die Mitarbeiter eines Politikers sind in hohem Ausmaß mitentscheidend für dessen Performance. Auch einige Zeitungen haben in besseren Zeiten mit Lehrredaktionen eine sehr intensive Qualitätsauslese betrieben.

F. Jede Partei muss sich vor Wahlkämpfen auch mit den weiter oben erwähnten Big-Data-Informationen befassen, die es insbesondere dank Facebook und Google gibt, und die im letzten US-Wahlkampf vom Trump-Lager offenbar intensiv genutzt worden sind.

G. Man kann da vieles kritisieren, aber mit Sicherheit wird vieles auch in Europa eingesetzt werden, wo ja einst schon das „Dirty campaining" und „War rooms" (siehe den Klima-Wahlkampf) aus Amerika importiert worden sind.

AUTOR

Dr. Andreas Unterberger, 1949 in Wien geboren, Studium der Rechtswissenschaft, Volkswirtschaft und Politikwissenschaft. Chefredakteur der Tageszeitungen „Die Presse" (1995-2005) und der „Wiener Zeitung" (2005-2009). Seit 2009 unabhängiger Publizist und erfolgreicher Blogger (andreas-unterberger.at).

Auszeichnungen: zweimal Staatspreis für journalistische Leistungen, Humanitätspreis des Roten Kreuzes, Silbernes Ehrenzeichen für Verdienste um die Republik, Ehrenkreuz I. Klasse für Wissenschaft und Kunst, Journalistenpreis des Juridisch-Politischen Lesevereins (2007), Leopold-Kunschak-Medienpreis (2009), Journalist des Jahres (2010).

Bücher: „A wie Alternativ" (Herold) „Ein Stück Österreich" (Holzhausen), „Österreich – und jetzt?" (Molden), „Martin Bartenstein – Grenzgänger zweier Welten" (Steinbauer), „Schafft die Politik ab!" (Leykam).

IMPRESSUM

Andreas Unterberger
**ZWISCHEN LÜGENPRESSE
UND FAKE NEWS**
Eine Analyse

Reihe Politik und Kommunikation
Band 1

Verlag Frank&Frei, Wien 2017
1. Auflage

Buchgestaltung & Satz:
derkapazunder.at | Hans Purker

ISBN: 978-3-9504348-1-1

Gedruckt in Österreich

www.verlagfrankundfrei.at

Frank&Frei